Ehrbare Berater oder Wirtschaftsstraftäter?

Organisierte Firmenbestattungen auf Bestellung

Gerald Seibold

© 2010 Gerald Seibold
Herstellung und Verlag: Books on Demand GmbH, Norderstedt

ISBN 978-3-837-06365-3

Inhaltsverzeichnis

2

1.   Einleitung

Die Ökonomie determiniert sich in der gegenwärtigen Zeit als ein Paradigma zu Wirtschaft, Wirtschaftskriminalität, organisierter Kriminalität und den dazwischen liegenden Grenzen. In diesem Kontext nimmt die Wirtschaftskriminalität einen wesentlichen Stellenwert ein. Kühne bezeichnet sie als „die schmale Gratwanderung zwischen optimaler betriebswirtschaftlicher und steuerlicher Gestaltung einerseits und strafbarer Handlung andererseits."[1] Es handelt sich demnach um eine Vielfalt von Verhaltensweisen innerhalb des Wirtschaftslebens, welche als besonders sozialschädlich empfunden und strafrechtlich verfolgt werden.[2] Hierzu gehören Delikte, mit denen das geltende Wirtschaftssystem für kriminelle Zwecke ausgenutzt wird, so unter anderem Wettbewerbskriminalität, Straftaten im Bereich der Kreditwirtschaft und des Bankenwesens, Insolvenzstraftaten, Bilanzstraftaten, Versicherungsmissbrauch, Steuer- und Subventionsdelikte sowie Betrug und Untreue innerhalb des Wirtschaftslebens. Ihre Erscheinungsformen sind vielfältig:

---

[1] Kühne (2008), S. 1.
[2] Vgl. Justizministerium des Landes Nordrhein-Westfalen (2005), S. 1.

1

Sie reichen von der Computerkriminalität über Scheckbetrug und Kreditkartenmissbrauch bis hin zu Kartelldelikten. Auch die Korruption lässt sich der Wirtschaftskriminalität zuordnen.[3] Durch Wirtschaftskriminalität werden der Volkswirtschaft jährlich nicht unerhebliche Schäden in Milliardenhöhe zugefügt. Sie führt letztlich zu einer Aushöhlung des gesamten Wirtschaftssystems und schließlich zu einem Vertrauensschwund bei alle am Wirtschaftsverkehr beteiligten Akteuren sowie bei den Verbrauchern.[4]

Die vorliegende Untersuchung befasst sich mit organisierten Firmenbestattungen als wirtschaftskrimineller Straftatbestand punktuell im Rahmen einer Insolvenzverschleppung. Bei diesem Insolvenzdelikt handelt es sich um betrügerische illegale Handlungen auf einem legalen Markt und somit um eine Dienstleistung der organisierten Kriminalität.[5] Um ein Verständnis für das Segment der organisierten Firmenbestattungen zu entwickeln, erfolgen zunächst im zweiten Abschnitt dieser Untersuchung Ausführungen zur Unternehmensinsolvenz, welche die auslösende Determinante für die Inanspruchnahme einer

---

[3] Vgl. Ostendorf (2008), S. 1.
[4] Vgl. Justizministerium des Landes Nordrhein-Westfalen (2005), S. 2.
[5] Vgl. Kühne (2008), S. 1.

Firmenbestattungsdienstleistung bildet. Nachdem eingangs die einzelnen Elemente zur Unternehmensinsolvenz (Insolvenzbegriff, auslösende Faktoren einer Unternehmensinsolvenz, Insolvenzverfahren) erörtert werden, folgt im Fortgang die Definierung des Firmenbestattungsbegriffs, wobei eine Differenzierung zwischen der legalen Firmenbestattung im Rahmen eines Insolvenzverfahrens sowie der illegalen Firmenbestattung als wirtschaftskriminelle Handlung vorgenommen wird.

Im Mittelpunkt des dritten Abschnittes steht die illegale organisierte gewerbsmäßige Firmenbestattung als Segment dubioser Beratungsunternehmen. Zunächst wird der Ablauf einer organisierten illegalen Firmenbestattung dargestellt. Anschließend werden die primären Straftatbestände, welche im Zusammenhang mit illegalen Firmenbestattungen stehen, im Einzelnen erörtert. Hierzu gehören punktuell der Bankrott beziehungsweise der schwere Bankrott, die Verletzung der Buchführungspflichten, die unterlassene Bilanzerstellung, die Insolvenzverschleppung, die Beweisvereitelung, die Gläubiger- beziehungsweise Schuldnerbegünstigung sowie die Beihilfestrafbarkeit von Beratern. Durch diese Straftatbestände allein lässt sich der Charakter illegaler Firmenbestattungen unweigerlich ableiten: Sittenwidrigkeit, Benachteiligung der Gläubiger, langfristigen Polemik der Zuständigkeit des Insolvenzgerichtes sowie die zivilrechtliche Durchgriffshaftung auf den Geschäftsführer. Den Abschluss des dritten Abschnittes bilden schließlich exemplarische Beispiele illegaler Firmenbestattungen.

Im vierten Abschnitt werden die volkswirtschaftlichen Folgen illegaler Firmenbestattungen identifiziert, wozu insbesondere das sinkende Wirtschaftswachstum, die sinkende Beschäftigung, das sinkende Einkommen sowie die Belastung des Staatshaushaltes gehören.

Bereits an dieser Stelle wird sich anhand der Ausführungen erkennen lassen, dass eine potenzielle Prävention gegen illegale Firmenbestattungen durch Gesetzesänderungen notwendig ist. Im fünften Abschnitt werden verschiedene Möglichkeiten der Prävention wie Erleichterung der Zustellung, Maßnahmen bei Führungslosigkeit der Gesellschaft, Haftung bei Ausplünderung der Gesellschaft, Bestellungshindernisse für Geschäftsführer und Abwicklungskonsequenzen determiniert.

Die Untersuchung schließt mit einer Schlussbetrachtung, in welcher die Untersuchungsergebnisse zusammengefasst und ein resümierendes Fazit gebildet wird.

2. Die drohende Unternehmensinsolvenz als auslösende Determinante für die Durchführung einer Firmenbestattung

2.1 Die Unternehmensinsolvenz

Im nachstehenden Abschnitt wird zunächst der Insolvenzbegriff erörtert sowie die auslösenden Faktoren einer Insolvenz und der Ablauf eines Insolvenzverfahrens dargestellt.

2.1.1 Der Insolvenzbegriff

Die Insolvenz determiniert die Situation eines Schuldners, welcher seine Zahlungsverpflichtungen gegenüber seinen Gläubigern nicht mehr erfüllen kann. Aus diesem Zustand resultiert, dass der Schuldner seinen

Zahlungsverpflichtungen durch unmittelbare Zahlungsunfähigkeit, drohende Zahlungsunfähigkeit oder totaler Überschuldung nicht nachkommen kann.[6] In diesem Zusammenhang muss jedoch eine Differenzierung zwischen der Insolvenz von Selbständigen beziehungsweise Freiberuflern und der privaten Insolvenz erfolgen. Bei beiden Insolvenzformen ist eine Trennung zwischen privaten und beruflichen Vermögensmassen nicht möglich. Insofern also ein selbständiger Unternehmer zahlungsunfähig wird, geht dies meist ebenso mit einer Zahlungsunfähigkeit im privaten Bereich einher. Durch diesen Zustand entstehen Reibungsverluste, welche die tägliche Arbeit immens erschweren.[7] Privatpersonen respektive natürliche Personen können im Falle einer Zahlungsunfähigkeit dagegen die Verbraucherinsolvenz nutzen.[8]

2.1.2 Auslösende Faktoren

Die auslösenden Faktoren können einerseits in internen und andererseits in externen Ursachen bestehen. Dabei

---

[6] Vgl. Internetpräsenz: http://www.foerderland.de/154+M5fd010da318.0.html (Stand: Januar 2009).

[7] Vgl. Zimmermann (2006), S. 1.

[8] Vgl. Internetpräsenz: http://www.gehalts-check.de/lexikon/i/insolvenz.html (Stand: Januar 2009).

sind interne Faktoren meist auf ein mangelhaftes Controlling zurückzuführen, weil innerhalb der Unternehmensplanung beziehungsweise Unternehmenssteuerung grobe Fehler unterlaufen sind oder aber die für das Krisenmanagement wesentlichen Frühwarnsysteme nicht installiert waren beziehungsweise nicht wahrgenommen wurden. Jedoch kann ein Unternehmen auch unverschuldet in eine Insolvenzsituation geraten, welche durch externe Determinanten beeinflusst werden. Hierzu zählen insbesondere signifikante Markt- und Wettbewerbsveränderungen.[9] Sowohl den internen als auch den externen Faktoren ist gemeinsam, dass das betroffene Unternehmen langfristig höhere Zahlungsverpflichtungen eingegangen ist, als es durch Zahlungseingänge decken kann. Eine Zahlungsunfähigkeit wird bereits angenommen, wenn ein Unternehmen weniger als neunzig Prozent seiner Verbindlichkeiten zum Zeitpunkt der Fälligkeit begleichen kann.[10] Aber auch drohende Zahlungsunfähigkeit zählen zu den hauptsächlichen Insolvenzgründen. Bei drohender Zahlungsunfähigkeit kann jedoch nur die verschuldete Person beziehungsweise das verschuldete Unternehmen einen Antrag auf Eröffnung des

---

[9] Vgl. Krüger (2005), S. 17.
[10] Vgl. Insolvenzordnung (2009), § 17 Abs. 2.

Insolvenzverfahrens stellen. Ein solcher Antrag ist jedoch nur dann zulässig, wenn abgesehen werden kann, dass vorhandene finanzielle Mittel einschließlich aller vorhandenen anderer Vermögensmassen und eingeräumten Kreditrahmen nicht ausreichen, um die Forderungen der Gläubiger zu befriedigen.[11] Insofern eine Überschuldung eingetreten ist, liegt immer ein Eröffnungsgrund vor, wobei berücksichtigt werden muss, dass dieser nur für juristische Personen greift. In diesem Falle muss der Status Quo der Überschuldung erfasst werden, also die Aktiva mit ihren Verkehrswerten der Passiva mit ihren Verbindlichkeiten gegenübergestellt werden. Wenn im Rahmen dieser Erhebung die Passivawerte höher sind als die Aktivawerte, so liegt eine eindeutige Überschuldung vor.[12]

2.1.3 Das Insolvenzverfahren

Insofern einer der im Abschnitt 2.1.2. auslösenden Faktoren vorliegt, kann ein Insolvenzverfahren eröffnet werden. In diesem Fall beschließt das Gericht die Verfahrenseröffnung. Der Eröffnungsbeschluss weist den

---

[11] Vgl. Insolvenzordnung (2009), § 18 Abs. 2.
[12] Vgl. Insolvenzordnung (2009), § 19.

Schuldner und den Insolvenzverwalter aus.[13] Im Fortgang fordert der Insolvenzverwalter alle Gläubiger auf, ihre Forderungen und Sicherungsrechte innerhalb einer bestimmten Frist geltend zu machen.[14] Der Insolvenzverwalter ist mit dem Eröffnungsbeschluss nunmehr über das gesamte Vermögen des Schuldners respektive über die Insolvenzmasse verwaltungs- und verfügungsbefugt.[15] Durch diese Maßnahme ist es keinem Gläubiger mehr möglich, auf das Vermögen des Schuldners zuzugreifen.[16] Auch gibt es seitens der Gläubiger keinen Rechtsanspruch auf den Zugriff von Rechten und Gegenständen aus der Insolvenzmasse.[17]

Nachdem der Insolvenzverwalter sämtliche Forderungsanmeldungen der Gläubiger erhalten hat, erstellt dieser eine Vermögensübersicht sowie Verzeichnisse über die vorhandenen Massegegenstände, welche mindestens eine Woche vor dem Berichtstermin öffentlich bekannt gemacht werden müssen.[18] Anschließend findet ein Berichtstermin statt,[19]

---

[13] Vgl. Obermüller / Wunderer (2009), S. 196 in Verbindung mit § 30 Abs. 1 InsO..
[14] Vgl. Insolvenzordnung (2009), § 28.
[15] Vgl. Obermüller / Wunderer (2009), S. 200 in Verbindung mit § 80 Abs. 1 sowie § 148 Abs. 1 InsO.
[16] Vgl. Insolvenzordnung (2009), § 89.
[17] Vgl. Insolvenzordnung (2009), § 91.
[18] Vgl. Insolvenzordnung (2009), §§ 151 ff.

an welchem die Gläubigerversammlung tagt. Die Gläubigerversammlung setzt sich aus den Gläubigern, dem Schuldner und dem Insolvenzverwalter zusammen. Ferner kann das Gericht einen Gläubigerausschuss einsetzen.[20] Der Insolvenzverwalter berichtet während des Berichtstermins der anwesenden Gläubigerversammlung über die gegenwärtige wirtschaftliche Situation des Schuldners. Insofern Chancen und Möglichkeiten gegeben sind, erörtert dieser die Möglichkeit der Unternehmenssanierung und legt hierfür einen Insolvenzplan vor.[21] Auf der Grundlage dieses Berichtes entscheidet schließlich die Gläubigerversammlung, ob das Insolvenzverfahren und somit das Unternehmen weitergeführt werden oder nicht.[22]

Nach Abschluss des Berichtstermins kann der Insolvenzverwalter in einem so genannten Prüfungstermin die Forderungsanmeldungen der Gläubiger entgegennehmen.[23] Alle Forderungsanmeldungen trägt der Insolvenzverwalter in eine Forderungstabelle ein, in

---

[19] Vgl. Obermüller / Wunderer (2009), S. 289.
[20] Vgl. Insolvenzordnung (2009), § 74.
[21] Vgl. Insolvenzordnung (2009), § 156.
[22] Vgl. Insolvenzordnung (2009), § 29 Abs. 1 Satz 1.
[23] Vgl. Obermüller / Wunderer (2009), S. 293 in Verbindung mit Insolvenzordnung (2009), § 174.

welche der am Insolvenzverfahren beteiligte Personenkreis Einsichtnahme gewährt wird.[24] Im Rahmen des Prüfungstermins werden sämtliche durch die Gläubiger angemeldeten Forderungen hinsichtlich der Forderungshöhe und des Forderungsranges geprüft.[25] Insofern weder der Insolvenzverwalter beziehungsweise ein anderer Gläubiger diesen Forderungen widerspricht, gilt die Forderung als festgestellt und wird in die Forderungstabelle mit der entsprechenden Forderungshöhe beziehungsweise mit dem entsprechenden Forderungsrang eingetragen.[26] Sollte einer der Beteiligten gegen die Eintragung Widerspruch einlegen, kann der betroffene Gläubiger Klage einreichen und somit die Feststellung gerichtlich festsetzen lassen.[27]

Im Fortgang des Verfahrens nimmt der Insolvenzverwalter eine Massebereinigung vor. So werden Gegenstände mit Eigentumsvorbehalt aus der Insolvenzmasse ausgesondert und an die Berechtigten herausgegeben.[28] Alle mit Absonderungsrechten behafteten Gegenstände verwertet der

---

[24] Vgl. Insolvenzordnung (2009), § 175.
[25] Vgl. Insolvenzordnung (2009), § 29.
[26] Vgl. Insolvenzordnung (2009), § 178.
[27] Vgl. Insolvenzordnung (2009), §§ 179 ff.
[28] Vgl. Insolvenzordnung (2009), § 47.

11

Insolvenzverwalter außerhalb des Insolvenzverfahrens und zahlt den Verkaufserlös an die absonderungsberechtigten Gläubiger nach Abzug der Kosten für die Feststellung und Verwertung aus.[29] Um die Insolvenzmasse zu vermehren, fordert der Insolvenzverwalter unter Ausnutzung seiner Befugnisse sämtliche Außenstände des Schuldners ein. Ferner wird der Insolvenzverwalter versuchen, sämtliche Wirtschaftsgüter zu verkaufen oder zu versteigern. Auch kann er das gesamte Unternehmen veräußern, wofür jedoch die Zustimmung der Gläubigerversammlung erforderlich ist.[30]

Nachdem nunmehr die Insolvenzmasse verkauft wurde, erfolgt zunächst die Zahlung der gesamten Verfahrenskosten. Hierzu zählen die Gerichtskosten sowie die Kosten des Insolvenzverwalters.[31] Im Fortgang werden die sonstigen Masseverbindlichkeiten berichtigt.[32] Die verbliebene Masse dient der Befriedigung aller Insolvenzgläubiger.[33] Hierfür erstellt der Insolvenzverwalter ein Verzeichnis über sämtliche Forderungen, welche bei der Verteilung zu berücksichtigen sind. Das Gericht muss

---

[29] Vgl. Insolvenzordnung (2009), § 49 und § 51.
[30] Vgl. Insolvenzordnung (2009), § 160.
[31] Vgl. Insolvenzordnung (2009), § 53 und § 54.
[32] Vgl. Insolvenzordnung (2009), § 55.
[33] Vgl. Insolvenzordnung (2009), § 38.

12

die Schlussverteilung genehmigen.[34] Nach Abschluss der Schlussverteilung beschließt das Gericht die Aufhebung des Insolvenzverfahrens.[35] Danach können alle Gläubiger wieder uneingeschränkt ihre Forderungen geltend machen. Insbesondere Gläubiger, welche im Rahmen des Insolvenzverfahrens nicht oder nur unzureichend berücksichtigt wurden, werden diese Möglichkeit in Anspruch nehmen. Eine Ausnahme tritt jedoch ein, wenn das Gericht die Restschuldbefreiung angekündigt hat. In diesem Falle wird eine Pfändung der Gläubiger erschwert.[36]

2.2. Firmenbestattungen

Die Ausführungen im Abschnitt 2.1. zeigen, dass ein Insolvenzverfahren mit nicht unerheblichen Problemen und Risiken verbunden ist. In der täglichen Insolvenzpraxis wird zunehmend deutlich, dass die Schuldner durch ihre missliche Lage keine Perspektiven mehr erkennen können. Den offensichtlichen Ausweg aus dieser Situation sollen so genannte Firmenbestattungen bieten. Hier muss jedoch zunächst eine Abgrenzung zwischen

---

[34] Vgl. Insolvenzordnung (2009), § 196.
[35] Vgl. Insolvenzordnung (2009), § 200.
[36] Vgl. Insolvenzordnung (2009), § 291.

der legalen Form der Firmenbestattung im Rahmen des Insolvenzverfahrens und der illegalen Form der Firmenbestattung als wirtschaftskriminelle Handlung erfolgen.

2.2.1. Legale Firmenbestattungen im Rahmen des Insolvenzverfahrens

Zunächst kann konstatiert werden, dass eine Firmenbestattung keine illegale Handlung darstellt, insofern sie im rechtlichen Rahmen durchgeführt wird. Die Hinzuziehung eines gewerblichen Firmenbestatters ist hierbei rechtlich zulässig. Eine legale Firmenbestattung determiniert sich aus einem Abwicklungsverkauf im Rahmen eines Insolvenzverfahrens und dient lediglich dem Zweck, das Insolvenzverfahren mit einem neuen Geschäftsführer beziehungsweise Vorstand an einen anderen Gerichtsort zu führen. Diesbezüglich müssen die gesetzlichen Vorschriften, insbesondere die Insolvenzantragspflicht, eingehalten werden. Durch einen Verweisungsantrag an einen anderen Gerichtsort ergibt sich daher in der Regel noch keine Zuständigkeitserschleichung.[37] Demnach kann ein gewerblicher Firmenbestatter, bei dem es sich in der

---

[37] Vgl. Urteil des OLG Karlsruhe, Beschluss vom 30.05.2005, 15 AR 8 / 05.

Regel meist um den Insolvenzverwalter handelt, eine Firmenbestattung im Rahmen des Insolvenzverfahrens und des geltenden Insolvenzrechts uneingeschränkt vornehmen.

2.2.2. Illegale Firmenbestattungen als wirtschaftskriminelle Handlung

Gegenüber dem in Abschnitt 2.2.1. dargestellten Sachverhalt stellen illegale Firmenbestattungen eine wirtschaftskriminelle Handlung dar. Hierbei werden innerhalb weniger Tage Gesellschaftsanteile einer insolventen Gesellschaft von den bisherigen Gesellschaftern auf eine andere Person ohne Zahlung eines Kaufpreises übertragen. Der Firmenbestatter übernimmt hierbei die Aufgabe, alle rechtsgeschäftlichen Erklärungen vorzubereiten, einen geeigneten Scheingeschäftsführer zu engagieren und das noch vorhandene Vermögen zur Deckung eigener Honorare zu verwerten.[38] Demnach wird unter einer illegalen Firmenbestattung rechtswidrige „Konstellationen verstanden, in denen Anteile an Kapitalgesellschaften in Insolvenznähe auf andere Personen übertragen werden,

---

[38] Vgl. Schmittmann (2004), S. 287.

die Geschäftsführung und der Sitz der Gesellschaft wechselt sowie die werbende Tätigkeit eingestellt wird."[39]

Das Ziel einer illegalen Firmenbestattung besteht insbesondere darin, eine Ablehnung der Eröffnung eines Insolvenzverfahrens mangels kostendeckender Masse zu erreichen. Demnach entziehen sich die Schuldner dem Gläubigerzugriff tatsächlich durch den „Verlust" der Unterlagen und Ansprechpartner. Die bisherige Praxiserfahrung zeigt, dass aufgrund der restriktiven Verweisungspraxis der Insolvenzgerichte das Ziel der Firmenbestatter meist erreicht werden kann.[40] Dies resultiert insbesondere auf der Grundlage der Charakterisierung von Firmenbestattern. Das Landgericht Potsdam verglich in einem Urteil demnach Firmenbestatter mit Hasen, welche versuchen, Gesellschaftsgläubiger und Strafverfolgungsbehörden „hakenschlagend abzuschütteln."[41]

Für eine Firmenbestattung als wirtschaftskriminelle Handlung lassen sich aus anwaltlicher Sichtweise sowie aus dem Blickpunkt von Insolvenzverwaltern folgende Indizien[42] systematisieren:

---

[39] Schmittmann / Gregor (2006), S. 410.
[40] Vgl. Mai (2008), S. 458.
[41] Vgl. Landgericht Potsdam, Beschluss vom 17.09.2004, 25 Qs 11 / 04, zitiert aus Mai (2008), S. 454.
[42] Zu den einzelnen Indizien vgl. Mai (2008), S. 453.

1. *Übertragung sämtliche Anteile einer Gesellschaft an einen bislang unbekannten Dritten sowie einschließlich gegebenenfalls Änderung des Firmennamens:* Es ist zu überprüfen, wann die Geschäftsanteile zuletzt und an welche Person übertragen worden sind. Insofern es sich hierbei um eine Person handelt, welche in der Vergangenheit bereits im Zusammenhang mit Firmenbestattungen in Erscheinung getreten ist, ist der Verdacht bereits nahe liegend, weshalb die Gesellschaftsanteile an jene Person übertragen worden sind.[43]

2. *Wiederholter Wechsel in der Person des Geschäftsführers:* Es muss ermittelt werden, ob es sich bei dem hier bestellten Geschäftsführer um eine Person handelt, welche bereits für eine Vielzahl von Unternehmen zum Geschäftsführer bestellt worden ist. Insbesondere sollte berücksichtigt werden, ob von dieser Person auch Unternehmen verwaltet werden, welche beispielsweise die eidesstattliche Versicherung bereits abgegeben haben. Ein weiteres Indiz ist auch dann gegeben, wenn der Geschäftsführer

---

[43] Vgl. Schmittmann (2004), S. 288.

seinen Wohnsitz nicht in Deutschland beziehungsweise noch nicht einmal auf dem Territorium der Europäischen Union hat. Oft lässt sich auch beobachten, dass insbesondere diese Geschäftsführer in Deutschland nur einen Scheinwohnsitz anmelden und ihren Hauptwohnsitz eigentlich im Ausland unterhalten.[44]

3. *Verlegung des Gesellschaftssitzes in ein anderes Bundesland beziehungsweise ins europäische Ausland mit Einstellung der werbenden Tätigkeit:* Durch diese Maßnahme soll die Zuständigkeit eines weit entfernten Insolvenzgerichtes erreicht werden, da die eigentlichen Verantwortlichen für die entstandene Situation kein Interesse haben, an ihrem Wohn- und Geschäftssitz in juristische Auseinandersetzungen verwickelt zu werden. Ebenso soll vermieden werden, dass der Sicherungs- und Eröffnungsbeschluss in der örtlichen Tagespresse vermieden werden soll, damit die Gläubiger keine Kenntnis über die Insolvenz der Gesellschaft erhalten.[45]

4. *Keine oder nur unzureichende Begründung von Verweisungsanträgen:* Die Firmenbestatter sind

---

[44] Vgl. Schmittmann (2004), S. 289.
[45] Vgl. Schmittmann (2004), S. 289.

aufgrund ihrer illegalen Handlung nur schwer in der Lage, eine Begründung für eine Verweisung auf ein anderes Insolvenzgericht zu finden. In diesen Fällen werden oft fadenscheinige Begründungen für die Verweisungsanträge genutzt, welche meist auf eine Firmenbestattung schließen lassen.

5. *Quittierung der erhaltenen Geschäftsunterlagen durch den neu bestellten Geschäftsführer ohne Auflistung der einzelnen Schriftstücke und Akten:* Diese praktizierte Vorgehensweise soll den wahren Umfang der vorhandenen Geschäftsunterlagen verschleiern.

6. *Unleserliche Unterschriften auf Vereinbarungen und Quittungen:* Hierdurch soll erreicht werden, dass nicht nachvollzogen werden kann, wer getroffene Vereinbarungen getroffen beziehungsweise Gelder oder Unterlagen in Empfang genommen hat.

7. *Keine Erreichbarkeit der Neugeschäftsführer oder Verweis auf eine nicht näher bezeichnete „Wirtschaftsberatungsgesellschaft" sowie keine Kooperationsbereitschaft der Neugeschäftsführer nach der Einleitung von Ermittlungsmaßnahmen durch die Justiz:* Da Neugeschäftsführer lediglich

nur die Funktion einnehmen, zu einer ordnungsgemäßen Firmenbestattung beizutragen, sind diese auch nicht gewillt, für Gläubiger oder für die Justiz erreichbar zu sein.

8. _Fehlende Geschäftsunterlagen_ beziehungsweise _Aktiva:_ Es lässt sich sehr oft beobachten, dass jegliche Aktiva fehlen beziehungsweise hierzu keine Angaben gemacht werden. Oft wird argumentiert, dass die Betriebs- und Geschäftsausstattung bereits von anderen Gläubigern vor der Stellung des Insolvenzantrages konfisziert, der Forderungsstand eingezogen und dieser von der Bank mit dem offenen Saldo verrechnet wurde.[46]

Ein sicheres Indiz für eine gelungene Firmenbestattung besteht insbesondere darin, wenn der Altgeschäftsführer am ehemaligen Sitz der Gesellschaft eine neue Gesellschaft mit einem identischen Geschäftsgegenstand gründet. Häufig ist es zu diesem Zeitpunkt zu spät, erfolgsversprechende Maßnahmen einzuleiten.[47] Insofern die vorstehenden Indizien vorliegen, sind durch den Insolvenzverwalter zeitnah

---

[46] Vgl. Schmittmann (2004), S. 290.
[47] Vgl. Mai (2008), S. 454.

Sicherungsmaßnahmen zum Schutz des Schuldnervermögens anzuregen.[48]

3. Illegale organisierte gewerbsmäßige Firmenbestattungen als Segment dubioser Beratungsunternehmen

3.1. Ablauf einer organisierten Firmenbestattung

Dem Gedanken der Inanspruchnahme eines gewerblichen Firmenbestatters liegt zugrunde, dass die Gesellschafter eines insolventen Unternehmens die Aussichtslosigkeit ihrer wirtschaftlichen Situation erkennen und sich an einen als Unternehmensberater getarnten Firmenbestatter wenden. Dieser verspricht die Trennung vom insolventen Unternehmensträger gegen Zahlung eines entsprechenden Honorars, welches sich in der Regel am Schuldenstand der Gesellschaft orientiert. Nachdem die Geschäftsführer abberufen wurden oder ihr Amt niedergelegt haben, werden die Gesellschaftsanteile an einen vom Firmenbestatter vermittelten Dritten notariell übertragen. Meist wird diese

---

[48] Vgl. Insolvenzordnung (2009), § 21.

Person auch gleichzeitig zum Geschäftsführer bestellt.[49] Meist handelt es sich hierbei um einen Gesellschaftssitz im Ausland. Dabei werden Personen herangezogen, welche ihren Wohnsitz oder gewöhnlichen Aufenthalt im Ausland oder zu Deutschland keine vertieften Beziehungen unterhält, sodass sie im Falle von Insolvenz- und strafrechtlichen Schwierigkeiten ohne weiteres Deutschland verlassen kann.[50] Analog wird am neuen Sitz der Gesellschaft ein Antrag auf Eröffnung des Insolvenzverfahrens gestellt.[51] Damit werden die Gläubiger verwirrt sowie die Zustellung von Rechnungen, Mahnungen und Gerichtsbescheiden erschwert. Insbesondere bei der Sitzverlegung des Unternehmens ins Ausland geben viele Gläubiger auf und verzichten auf ihre Forderungen.[52] Ferner werden die Ermittlungsmaßnahmen des Insolvenzgerichtes behindert und verschleppt.[53] Die Sitzverlegung des Unternehmens soll letztlich der Verwischung von Spuren dienen. In diesem Zusammenhang werden auch oft die Geschäftsunterlagen nach deren Übergabe umgehend vernichtet.[54] Gelegentlich lässt sich auch beobachten,

---

[49] Vgl. Mai (2008), S. 450.
[50] Vgl. Schmittmann / Gregor (2006), S. 411.
[51] Vgl. Mai (2008), S. 450.
[52] Vgl. Indervoort (2007), S. 4.
[53] Vgl. Mai (2008), S. 450.
[54] Vgl. Schmittmann (2004), S. 287.

dass überhaupt kein Insolvenzantrag gestellt wird und die Gesellschafter untertauchen.[55] Die früheren Gesellschafter und Geschäftsführer werden in dem Glauben belassen, dass nunmehr alle Lasten aus der Gesellschaft auf den Käufer übergegangen sind, da sie an der Gesellschaft nicht mehr beteiligt und auch nicht mehr ihre organschaftlichen Vertreter sind. Jedoch stellt sich diese Denkweise in der Regel als Trugschluss dar, weil jegliche Schadenersatzansprüche beziehungsweise zuvor entstandene Ansprüche aus dem Eigenkapitalersatzrecht auch nach Beendigung einer Stellung als Gesellschafter beziehungsweise Geschäftsführer fortbestehen.[56]

3.2. Erörterung der Straftatbestände illegaler Firmenbestattungen

Zwar stellt die Firmenbestattung für sich selbst betrachtet keine Straftat dar, jedoch werden im Rahmen ihrer verschiedenen Vorgänge immer Straftaten begangen, welche das einzelne Ereignis innerhalb der Firmenbestattung betreffen. Hierzu gehören auf der Seite der Firmenbestatter unter anderem die

---

[55] Vgl. Mai (2008), S. 450.
[56] Vgl. Schmittmann (2004), S. 287.

23

Insolvenzverschleppung, Verletzung der Buchführungspflichten oder Beweisvereitelung. Diese Straftaten verzeichnen in den letzten Jahren einen nicht unerheblichen Anstieg im Kontext mit Firmenbestattungen und stellen demnach ein Phänomen massenhafter Wirtschaftskriminalität dar.[57] Im Fortgang werden die wichtigsten Straftatbestände illegaler Firmenbestattungen im Einzelnen erörtert.

3.2.1. Verlegung des Unternehmenssitzes mit dem Ziel der Bestattung

Für die Beantragung des Insolvenzverfahrens ist generell das örtlich angesiedelte Insolvenzgericht zuständig, in dessen Mittelpunkt der Schuldner seinen allgemeinen Gerichtsstand hat. Insofern Gesellschaften in das Handelsregister eingetragen sind, ist jenes Insolvenzgericht zuständig, wo die Gesellschaft auch eingetragen ist. Insofern also der Mittelpunkt einer selbständigen wirtschaftlichen Tätigkeit des Schuldners an einem anderen Ort liegt, so ist ausschließlich das Insolvenzgericht zuständig, in dessen Bezirk dieser Ort liegt. Befindet sich eine Gesellschaft bereits im

---

[57] Vgl. Mai (2008), S. 456.

24

Liquidationsstadium, so ist hier ebenso der registermäßige Sitz des Unternehmens entscheidend. Die Zuständigkeit des Insolvenzgerichts für eine in Liquidation befindliche Gesellschaft ist generell von der Rechtssprechung des Kammergerichts abhängig, was auch dann gilt, wenn noch kein förmlicher Liquidationsbeschluss gefasst, sondern lediglich die Tätigkeit eingestellt wurde. Nach der Rechtssprechung des Bayerischen Obersten Landesgerichtes ist für die Stellung des Insolvenzantrages jenes Insolvenzgericht zuständig, in dessen Bezirk die Gesellschaft ihren satzungsgemäß festgelegten Sitz hat. Hierbei bleibt unberücksichtigt, wenn beispielsweise der Geschäftsführer des insolventen Unternehmens beantragt, das Insolvenzverfahren von seinem Wohnort aus führen zu wollen.[58]

Eine faktische Sitzverlegung des Unternehmens als abweichende Marktaustrittsstrategie wird demnach oft als Hilfsmittel gesehen, einen Insolvenzantrag zu umgehen.[59] Wenn jedoch trotzdem ein Insolvenzverfahren an einem anderen Ort beantragt wird, zielen die illegalen Firmenbestatter auch darauf ab, dass die Gerichte den Antrag mangels Masse ablehnen. In diesem Falle ist es nicht möglich, Ansprüche gegen die

---

[58] Vgl. Schmittmann (2004), S. 289.
[59] Vgl. Mai (2008), S. 452.

Geschäftsführer beziehungsweise Gesellschafter geltend zu machen; ferner drohen keine Anfechtungsansprüche. Da erfahrungsgemäß bei größeren Gerichten eine Abweisung des Verfahrens mangels Masse häufiger erfolgt, selektieren die Firmenbestatter in der Regel große Insolvenzgerichte wie beispielsweise Berlin-Charlottenburg oder Essen.[60] Insofern das Insolvenzverfahren für eine beabsichtigte Firmenbestattung bereits auf einen anderen Ort verwiesen wurde, bedeutet dies jedoch nicht zwingend, dass ein anderes Gericht hierfür die Zuständigkeit erlangt. Denn eine Verweisung auf ein anderes Insolvenzgericht, in dessen Bezirk der Schuldner nur den vermeintlichen Mittelpunkt seiner wirtschaftlichen Tätigkeit innehat, ist nicht bindend. Diese Nichtbindung wird dahingehend noch bekräftigt, wenn der Schuldner seine wirtschaftliche Tätigkeit bereits lange Zeit vor der Stellung des Insolvenzantrages aufgegeben hat.[61] Die Einstellung der Geschäftstätigkeit am bisherigen Ort und die Verlegung des Unternehmenssitzes mit dem Ziel der Bestattung des Unternehmens stellt an sich bereits eine Straftat dar. Diese Handlung verstößt gegen § 4 a Abs. 2 GmbHG und ist gemäß § 134 BGB beziehungsweise § 241 Nr. 3 Fall 3

---

[60] Vgl. Schmittmann (2004), S. 290.
[61] Vgl. Schmittmann (2004), S. 289.

AktG analog nichtig. Als Indizien für die Nichtigkeit der Sitzverlegung können insbesondere

1. die systematische Erschwerung der Aufklärung der Vermögensverhältnisse sowie
2. die Verwendung von Anschriften der Verfahrensbevollmächtigten oder von Firmenbestattern als angeblichen Firmensitz

angesehen werden. Insofern die Liquidatoren ihren Geschäftssitz am bisherigen Sitz der aufgelösten Gesellschaft haben, kommt eine Sitzverlegung an einem weiteren Geschäftssitz nur in Betracht, wenn hierfür nachvollziehbare Gründe gegeben sind, insbesondere nur dann, wenn die Liquidationsgeschäfte tatsächlich von dem neuen Sitz aus ausgeführt werden.[62]

3.2.2. Bankrott und schwerer Bankrott

Der Bankrott beziehungsweise schwere Bankrott determiniert im Rahmen von illegalen Firmenbestattungen den schuldhaft verursachten Zusammenbruch eines Unternehmens durch Zahlungsunfähigkeit. Dieser durchgeführte betrügerische

---

[62] Vgl. Schmittmann / Gregor (2006), S. 413 f.

27

Bankrott als Straftat im Sinne des § 283 Strafgesetzbuch dient der Bereicherung der Bankrotteure zu Ungunsten der Kunden, Lieferanten und Mitarbeiter des Unternehmens im Rahmen einer Insolvenz. Dabei entzieht der Schuldner dem Gläubiger bei Überschuldung oder bei drohender Zahlungsunfähigkeit Vermögen oder Vermögensteile, welche der Insolvenzmasse angehören.[63] Gemäß § 283 Absatz 1 des Strafgesetzbuches wird mit einer Freiheitsstrafe bis zu fünf Jahren oder mit Geldstrafe bestraft, „wer bei Überschuldung oder bei drohender oder eingetretener Zahlungsunfähigkeit

1. Bestandteile seines Vermögens, die im Falle der Eröffnung des Insolvenzverfahrens zur Insolvenzmasse gehören, beiseite schafft oder verheimlicht oder in einer den Anforderungen einer ordnungsgemäßen Wirtschaft widersprechenden Weise zerstört, beschädigt oder unbrauchbar macht,

2. in einer den Anforderungen einer ordnungsgemäßen Wirtschaft widersprechenden Weise Verlust- oder

---

[63] Vgl. Internetpräsenz: http://www.wirtschaftslexikon24.net/d/bankrott/bankrott.htm (Stand: Februar 2009).

Spekulationsgeschäfte oder Differenzgeschäfte mit Waren oder Wertpapieren eingeht oder durch unwirtschaftliche Ausgaben, Spiel oder Wette übermäßige Beiträge verbraucht oder schuldig wird,

3. Waren oder Wertpapiere auf Kredit beschafft und sie oder die aus diesen Waren hergestellten Sachen erheblich unter ihrem Wert in einer den Anforderungen einer ordnungsgemäßen Wirtschaft widersprechenden Weise veräußert oder sonst abgibt,

4. Rechte anderer vortäuscht oder erdichtete Rechte anerkennt,

5. Handelsbücher, zu deren Führung er gesetzlich verpflichtet ist, zu führen unterlässt oder so führt oder verändert, dass die Übersicht über seinen Vermögensstand erschwert wird,

6. Handelsbücher oder sonstige Unterlagen, zu deren Aufbewahrung ein Kaufmann nach Handelsrecht verpflichtet ist, vor Ablauf der für Buchführungspflichtige bestehenden Aufbewahrungspflichten beiseite schafft, verheimlicht, zerstört oder beschädigt und dadurch die Übersicht über seinen Vermögensstand erschwert,

7. entgegen dem Handelsrecht

a) Bilanzen so aufstellt, dass die Übersicht über seinen Vermögensstand erschwert wird, oder

b) es unterlässt, die Bilanz seines Vermögens oder das Inventar in der vorgeschriebenen Zeit aufzustellen, oder

8. in einer anderen, den Anforderungen einer ordnungsgemäßen Wirtschaft grob widersprechenden Weise seinen Vermögensstand verringert oder seine wirklichen geschäftlichen Verhältnisse verheimlicht oder verschleiert."[64]

Gemäß § 283 Absatz 2 Strafgesetzbuch wird ebenso bestraft, wer durch die genannten Handlungen seine eigene Überschuldung oder Zahlungsunfähigkeit herbeiführt. Ebenso ist der Versuch zu diesen Handlungen bereits unter Strafe gestellt. Allen Taten gemeinsam ist, dass sie den Vorsatz voraussetzen.[65] Der Bankrott ist mit einer Höchststrafe von fünf Jahren Freiheitsentzug unter Strafe gestellt. In einem besonders schweren Fall des Bankrotts wird generell immer eine Freiheitsstrafe ausgesprochen, welche zwischen einem Zeitraum von sechs Monaten bis zehn Jahren liegen kann. Bei einem

---

[64] Strafgesetzbuch (2008), § 283 Absatz 1.
[65] Vgl. Strafgesetzbuch (2008), § 283 Abs. 2 ff.

30

besonders schweren Fall muss der Täter aus Gewinnsucht handeln oder aber wissentlich viele Personen in die Gefahr des Verlustes ihrer ihm anvertrauten Vermögenswerte oder in eine wirtschaftliche Notlage bringen.[66] Allerdings ist die Tat nicht strafbar, wenn der Täter seine Zahlungen fortsetzt und über das Vermögen des Schuldners kein Insolvenzverfahren eröffnet beziehungsweise der Eröffnungsantrag mangels Masse nicht abgewiesen wurde.[67] Ebenso setzt die Strafnorm des § 283 Abs. 1 Nr. 5 Strafgesetzbuch voraus, dass eine gesetzliche Verpflichtung zur Buchhaltung besteht. Damit ist jedoch nur die handelrechtliche Verpflichtung gemeint. Die Tathandlung selbst muss jedoch während einer wirtschaftlichen Krise begangen worden sein und liegt nur dann vor, wenn eine Überschuldung, drohende oder eingetretene Zahlungsunfähigkeit anzunehmen ist. Dagegen liegt gemäß den Ausführungen des § 283 b Strafgesetzbuch ein abstrakter Gefährdungstatbestand vor, welcher zwar größtenteils mit den Ausführungen des § 283 Strafgesetzbuch übereinstimmt, jedoch nicht voraussetzt, dass sich der Schuldner zur Tatzeit in einer Krise befindet.[68]

---

[66] Vgl. Internetpräsenz:
http://www.wirtschaftslexikon24.net/d/bankrott/bankrott.htm (Stand: Februar 2009).
[67] Vgl. Strafgesetzbuch (2008), § 283 Abs. 6.
[68] Vgl. Schmittmann / Gregor (2006), S. 414.

3.2.3. Verletzung der Buchführungspflichten

Ein weiterer Straftatbestand im Kontext illegaler Firmenbestattungen liegt in der Verletzung der Buchführungspflichten. Jeder Kaufmann ist verpflichtet, seinen Buchführungspflichten sowohl aus handelsrechtlicher als auch aus steuerrechtlicher Perspektive nachzukommen. Demnach ist es für jeden Kaufmann obligatorisch, im Sinne der §§ 1 – 7 des Handelsgesetzbuches Bücher zu führen und in diesen seine Handelsgeschäfte sowie die Lage seines Vermögens nach den Grundsätzen der ordnungsgemäßen Buchführung ersichtlich zu machen.[69] Für gewerbliche Unternehmer, welche mehr als 500.000 Euro Gesamtumsatz beziehungsweise mehr als 50.000 Euro Gesamtgewinn pro Kalenderjahr tätigen, sind aus steuerrechtlicher Sicht zur Buchführung verpflichtet.[70] Dagegen gilt für die so genannten freien Berufe wie

---

[69] Vgl. Handelsgesetzbuch (2009), § 238.
[70] Vgl. Abgabenordnung (2009), § 140.

Rechtsanwälte, Notare, Steuerberater oder Ärzte generell keine Buchführungspflicht.[71]

Ferner muss die Buchhaltung aus handelsrechtlicher Sicht so beschaffen sein, dass sie ein sachverständiger Dritter innerhalb einer angemessenen Zeit überblicken kann. So müssen sich die Geschäftsvorfälle hinsichtlich ihrer Entstehung und Abwicklung verfolgen lassen.[72] Aus steuerlicher Sichtweise werden die Bestimmungen entsprechend ergänzt. Demnach muss es einem Außenprüfer des Finanzamtes möglich sein, die gebuchten und kontierten Belege sowie die daraus entstandenen Ergebnisse problemlos nachvollziehen zu können. Insofern die Buchführung nicht diesen Anforderungen entspricht, kann die Finanzbehörde die Besteuerungsgrundlagen schätzen.[73] Bei einem durch Firmenbestattung liquidierten Unternehmen dürfte sich eine Schätzung jedoch als schwierig erweisen, da durch die Verlegung des Firmensitzes ins Ausland eine Beitreibung der geschuldeten Steuern in der Regel erschwert oder unmöglich erscheint.

---

[71] Vgl. Internetpräsenz:
http://www.wirtschaftslexikon24.net/d/buchfuehrungspflicht/buchfuehrungspflicht. htm (Stand: Februar 2009).
[72] Vgl. Handelsgesetzbuch (2009), § 238.
[73] Vgl. Abgabenordnung (2009), § 162.

Jedoch hat die Finanzverwaltung auf die bisherigen Fälle der gewerbsmäßigen Firmenbestattungen bereits reagiert und erkannt, dass ein Zuständigkeitswechsel des Finanzamtes bei Wechsel des Firmensitzes durch die Firmenbestatter gewollt ist. Durch diese Vorgehensweise wird nicht unerheblich viel Zeit gewonnen, da die Aktenabgabe und Aktenübernahme oft sehr langwierig ist. Aus diesen Gründen sind die Finanzämter durch mehrere Verfügungen bereits angewiesen worden, einen Zuständigkeitswechsel bei Vorliegen einer Firmenbestattung unbeschadet des Umstandes, ob die Sitzverlegung innerhalb Deutschlands oder ins Ausland erfolgte, grundlegend zu unterlassen.[74]

Bei Unternehmen, welche eine Firmenbestattung realisieren, ist in der Regel erkennbar, dass sie zwar Bücher führen, diese jedoch entweder manipulieren oder aber vernichten. Grundlegend sind damit die Grundsätze ordnungsgemäßer Buchführung nicht erfüllt, welche sich nicht nur aus der Gesetzgebung, sondern auch aus der bewährten kaufmännischen Praxis ergeben:

---

[74] Vgl. Schmittmann (2004), S. 292.

1. Wahrheit: Buchen und Kontieren der Geschäftsvorfälle nach tatsächlichem Vorfall
2. Klarheit: Buchen und Kontieren der Geschäftsvorfälle in übersichtlicher, lesbarer, nachvollziehbarer und geschützter Form

Die Grundsätze der Wahrheit und Klarheit werden bei einer Firmenbestattung völlig untergraben. Auch der Verpflichtung, dass keine Buchung ohne Beleg erfolgen darf, wird meist nicht nachgekommen. Ferner wird durch Firmenbestattungen die zehnjährige Aufbewahrungspflicht in steuerlichen Angelegenheiten umgangen.[75]

3.2.4. Unterlassene Bilanzerstellung

Die unterlassene Bilanzerstellung steht in einem engen Zusammenhang mit der Nichterfüllung beziehungsweise Verletzung der Buchführungspflichten bei Firmenbestattungen. Durch die unterlassene Bilanzerstellung soll bezweckt werden, dass niemand

---

[75] Vgl. Handelsgesetzbuch (2009), § 239.

über die tatsächlichen Vermögenswerte Kenntnis erlangen soll. So würde die Aktiva-Seite zeigen, welches Vermögen innerhalb des Unternehmens vorhanden ist (Formen des Vermögens, Art der Investition). Sie wird aufsteigend nach Liquidität dargestellt: An erster Stelle werden die am schwersten in Bargeld zu wandelnden Vermögenswerte wie beispielsweise Immobilien ausgewiesen. Im Fortgang werden dann die dem Bargeld am nächsten stehenden Vermögenswerte wie Kassenbestände und Bankguthaben determiniert. Dagegen drückt die Passiva-Seite aus, wie dieses Vermögen finanziert wurde beziehungsweise zeigt die Herkunft des Kapitals auf (Eigenkapital, Fremdkapital). Sie zergliedert sich aufsteigend nach der Fälligkeit des Kapitals: An erster Stelle werden die dem Unternehmen längerfristig zur Verfügung stehenden Finanzierungsquellen und im Fortgang die kurzfristigen Verbindlichkeiten ausgewiesen. Insofern keine Bilanzen erstellt und diese somit dem Insolvenzverwalter nicht zur Verfügung gestellt werden sowie analog ein Wechsel des Geschäftsführers oder aber ein mehrfacher Wechsel des Geschäftsführers mit einem oder mehreren Ortswechsel erfolgt ist, kann von einer unterlassenen Bilanzerstellung im Rahmen einer illegalen Firmenbestattung ausgegangen werden.[76]

3.2.5. Insolvenzverschleppung

Insofern ein Unternehmen zahlungsunfähig wird, ist der Altgeschäftsführer verpflichtet, einen Insolvenzantrag beim zuständigen Amtsgericht zu stellen. Der Insolvenzantrag muss ohne schuldhaftes Zögern, jedoch spätestens drei Wochen nach Eintritt der Zahlungsunfähigkeit gestellt werden. Die Frist für die Eröffnung des Insolvenzantrages beginnt an jenem Tag, wenn die Entscheidungsträger innerhalb des Unternehmens zu der Auffassung gelangen, dass die Zahlungsunfähigkeit eingetreten ist. Allerdings gilt die dreiwöchige Frist nicht für einen eventuell eingesetzten Neugeschäftsführer. Der Zweck dieser Regelung besteht darin, dass bei dieser Vorgehensweise anzunehmen ist, dass in der Dreiwochenfrist eine Sanierung vorgenommen werden soll und die Übernahme insbesondere zwecks Abwicklung erfolgt. Demnach ist ein Neugeschäftsführer verpflichtet, nach Übernahme

---

[76] Vgl. Arlinghaus (2004), S. 147 ff.

seines Amtes unverzüglich einen Insolvenzantrag zu stellen.[77]

Die fehlende Antragstellung auf Eröffnung eines Insolvenzverfahrens in Verbindung mit Kenntnis der Zahlungsunfähigkeit oder Überschuldung stellt eine Insolvenzverschleppung im Sinne des § 84 Abs. 1 Nr. 2 GmbH-Gesetz beziehungsweise § 92 Abs. 2 Aktiengesetz dar.[78] Insofern nach Feststellung der Zahlungsunfähigkeit beziehungsweise Überschuldung einer Gesellschaft noch Zahlungen geleistet werden, haftet hierfür der Geschäftsführer im vollen Umfang und ist zum Ersatz dieser Zahlungen verpflichtet, wenn dieser bei Entscheidungen über die zu leistenden Zahlungen nicht seiner Sorgfaltspflicht nachkommt. Diese Regelung kommt nicht zur Anwendung, wenn Zahlungen erfolgen, die auch nach diesem Zeitpunkt mit der Sorgfalt eines ordentlichen Geschäftsmannes vereinbar sind.[79] Wenn demnach der Geschäftsführer nicht die Zahlungsunfähigkeit oder Überschuldung der Gesellschaft durch einen fristgemäßen Insolvenzantrag anzeigt beziehungsweise es unterlässt, den Gesellschaftern einen Verlust in Höhe der Hälfte des

---

[77] Vgl. Schmittmann / Gregor (2006), S. 413.
[78] Vgl. Mai (2008), S. 454.
[79] Vgl. GmbH-Gesetz (2009), § 64.

Stammkapitals anzuzeigen, kann er mit einer Freiheitsstrafe bis zu drei Jahren oder mit Geldstrafe belegt werden.[80]

Analoge Regelungen stellt das Aktiengesetz auf. Insofern sich bei der Aufstellung der Jahresbilanz oder einer Zwischenbilanz ein Verlust in Höhe des Grundkapitals, so ist der Vorstand verpflichtet, umgehend eine Hauptversammlung einzuberufen und dies anzuzeigen. Bei Zahlungsunfähigkeit oder Überschuldung der Gesellschaft muss der Vorstand ohne schuldhaftes Zögern, jedoch spätestens nach drei Wochen nach Eintritt der Zahlungsunfähigkeit oder Überschuldung, die Eröffnung des Insolvenzverfahrens beantragen. Nach Eintritt dieser Situation darf der Vorstand keine weiteren Zahlungen mehr vornehmen, es sei denn, er geht mit der Sorgfalt eines ordentlichen und gewissenhaften Kaufmanns vor.[81] Bei Nichteinhalten dieser gesetzlichen Regelungen drohen auch dem Vorstand eine Freiheitsstrafe bis zu drei Jahren oder eine Geldstrafe.[82]

Typisch strafrechtliche Begleiterscheinungen einer Firmenbestattung liegen jedoch insbesondere in den

---

[80] Vgl. GmbH-Gesetz (2009), § 84 Abs. 1.
[81] Vgl. Aktiengesetz (2009), § 92.
[82] Vgl. Aktiengesetz (2009), § 401.

vorbenannten strafbehafteten Verstößen. Nach dieser Norm machen sich sowohl Firmenaufkäufer als auch Firmenverkäufer strafbar. Auch Berater und einflussstarke Gesellschafter können zumindest als Teilnehmer belangt werden.[83] Demnach liegt bei der Veräußerung von Geschäftsanteilen an einen Firmenbestatter der Anfangsverdacht einer Insolvenzverschleppung bereits dann vor, wenn diese aufgrund der wirtschaftlichen Krisensituation vorgenommen wird. Insofern jedoch der Altgeschäftsführer nachweislich gutgläubig davon ausging, die Käufer der Gesellschaft wollten das Unternehmen sanieren und ihm die Kenntnis der Insolvenzreife nicht nachgewiesen werden kann, wird er mit der Veräußerung aus seiner Organschaft entlassen, sodass ihn in diesem Fall der Vorwurf der Insolvenzverschleppung nicht treffen kann.[84]

3.2.6. Beweisvereitelung

Im Zusammenhang mit illegalen Firmenbestattungen liegt eine Beweisvereitelung vor, weil die an der illegalen Handlung Beteiligten schuldhaft die Möglichkeit verhindern oder erschweren, dass die Behörden

---

[83] Vgl. Mai (2008), S. 454.
[84] Vgl. Schmittmann / Gregor (2006), S. 414.

40

hinsichtlich der Zahlungsunfähigkeit beziehungsweise Überschuldung des Unternehmens die geeigneten Beweise erheben können. Dies geschieht durch die bewusste Vernichtung oder Umgestaltung der zu erhebenden Unterlagen und Tatsachen, wobei sich das Verschulden nicht auf die Vernichtung oder Umgestaltung der Beweismittel, sondern auf die Vereitelung der Beweisfunktion selbst richtet. Da die Beweislast für strafbare Handlungen und somit auch für illegale Firmenbestattungen bei der Staatsanwaltschaft liegt, sind in der Regel für die Angeklagten stets günstigere Umstände anzunehmen. Dennoch kann der Strafrichter nachgewiesene Vereitelungshandlungen als Anknüpfungstatsachen definieren, um auf die Schuld des Angeklagten zu schließen.[85] Dies lässt sich bei illegalen Firmenbestattungen bereits aus der Veräußerung von Geschäftsanteilen an einen Erwerber resultieren, der eine faktische Liquidation der Gesellschaft durchführen soll, ohne noch offene Forderungen zu realisieren und Gläubiger zu befriedigen. Dies begründet bereits ein erhebliches Beweisanzeichen dafür, dass die Durchsetzung eines nach den Rechtssprechungsregeln zum Eigenkapitalersatzrecht bestehenden Erstattungsanspruchs bewusst unterlassen wird, was ein

---

[85] Vgl. Krautstrunk (2005), S. 6 ff.

41

Indiz darstellt, die Durchsetzung eines zum Eigenkapitalersatzrecht bestehenden Erstattungsanspruchs zu vereiteln.[86]

3.2.7. Gläubiger- beziehungsweise Schuldnerbegünstigung

Im Rahmen von illegalen Firmenbestattungen lassen sich generell die Begünstigung von Gläubigern beziehungsweise auch der Schuldner erkennen. Hierbei liegt generell eine Insolvenzstraftat vor.[87] Beide Straftaten werden im Fortgang determiniert.

Eine Gläubigerbegünstigung liegt immer dann vor, insofern ein zahlungsunfähiger Unternehmer einen Gläubiger gegenüber einen anderen Gläubiger bevorzugt, indem er diesen eine Sicherung seiner Forderung zukommen lässt, auf die er keinen Anspruch hat.[88] Diese Straftat wird mit einer Freiheitsstrafe bis zu zwei Jahren oder mit Geldstrafe belegt.[89] Als mögliche

---

[86] Vgl. Schmittmann / Gregor (2006), S. 411.
[87] Vgl. Strafgesetzbuch (2008), § 283 c und d.
[88] Vgl. Internetpräsenz:
http://www.wirtschaftslexikon24.net/d/glaeubigerbeguenstigung/glaeu
bigerbeguen stigung.htm (Stand: Februar 2009).
[89] Vgl. Strafgesetzbuch (2008), § 283 c Abs. 1.

Täter für diese strafbaren Handlungen können in Betracht gezogen werden

1. der Täter, insofern er ein Einzelunternehmer ist,
2. der Verbraucher,
3. die Gesellschafter einer Gesellschaft bürgerlichen Rechts, einer offenen Handelsgesellschaft oder einer Kommanditgesellschaft, jedoch nicht die Kommanditisten oder Prokuristen,
4. die Geschäftsführer einer GmbH beziehungsweise die Vorstände einer AG, insofern sie in Erfüllung ihrer Organstellung handeln,
5. faktische Geschäftsführer,
6. Sanierer wie Steuerberater, Rechtsanwälte, Unternehmensberater oder Initiatoren sowie Beihelfer.[90]

Eine Schuldnerbegünstigung liegt vor, wenn Vermögensverschiebungen zum Nachteil der Masse des Schuldners durch einen Dritten zugunsten des Schuldners

---

[90] Vgl. Internetpräsenz:
http://www.insoinfo.de/pages/insolvenzrecht/view.htm?abiszid=94
(Stand: Februar 2009).

oder mit dessen Einwilligung erfolgen beziehungsweise Vermögensstücke vollumfänglich beiseite geschafft werden.[91] Ebenso strafbar ist die Verheimlichung dieses Vermögens sowie deren Zerstörung oder Beschädigung.[92] Diese strafbare Handlung wird entweder mit einer Freiheitsstrafe bis zu fünf Jahren oder mit Geldstrafe belegt.[93] Insofern der Täter mit Gewinnabsicht handelt oder dieser wissentlich viele Personen in die Gefahr des Verlustes ihrer Vermögensgegenstände beziehungsweise in eine wirtschaftliche Notlage bringt, liegt ein besonders schwerer Fall vor, welcher mit einer Freiheitsstrafe zwischen sechs Monaten und zehn Jahren geahndet wird.[94] Eine Strafbarkeit tritt jedoch nur ein, insofern das Unternehmen seine Zahlungen eingestellt oder aber das Insolvenzverfahren eröffnet hat beziehungsweise der Eröffnungsantrag mangels Masse abgewiesen wurde.[95] Eine Strafbarkeit liegt demnach nur bei vorsätzlichem Handeln vor. Insofern sich demnach der Schuldner zum Zeitpunkt der Tathandlung noch in der Phase der

---

[91] Vgl. Internetpräsenz:
http://www.wirtschaftslexikon24.net/d/schuldnerbeguenstigung/schuld nerbeguensti gung.htm (Stand: Februar 2009).
[92] Vgl. Strafgesetzbuch (2008), § 283 d Abs. 1.
[93] Vgl. Strafgesetzbuch (2008), § 283 d Abs. 1.
[94] Vgl. Strafgesetzbuch (2008), § 283 d Abs. 3.
[95] Vgl. Strafgesetzbuch (2008), § 283 d Abs. 4.

drohenden Zahlungsunfähigkeit befindet, muss der Täter hiervon über eine positive Kenntnis verfügen.[96]

Als mögliche Täter für diese strafbaren Handlungen können Geschäftsführer und Gläubiger, aber auch der Insolvenzverwalter selbst in Betracht gezogen werden. Die Tatherrschaft wird hierbei generell von einem Dritten ausgeübt. Es wird jedoch vorausgesetzt, dass eine Einwilligung des Schuldners vorliegt oder aber zu seinen Gunsten gehandelt wird.[97]

3.2.8. Beihilfestrafbarkeit von Beratern

Im Zusammenhang mit illegalen Firmenbestattungen muss die Frage beantwortet werden, in welchem Maße eine Beihilfestrafbarkeit von Beratern geprüft werden muss. Insbesondere handelt es sich hierbei um die Beihilfetätigkeit von Notaren, Rechtsanwälten und Steuerberatern, die von den Alt- und Neugeschäftsführern insolventer Gesellschaften konsultiert werden, insofern diese den gesamten Prozess

---

[96] Vgl. Internetpräsenz:
http://www.insoinfo.de/pages/insolvenzrecht/view.htm?abiszid=95
(Stand: Februar 2009).
[97] Vgl. Internetpräsenz:
http://www.insoinfo.de/pages/insolvenzrecht/view.htm?abiszid=95
(Stand: Februar 2009).

nachweislich mitsteuern. Insbesondere Notare, welche bereits regelmäßig die Prozesse von Firmenbestattungen mitgestalten, müssen kraft ihres Berufes erkennen, dass es sich hierbei um Indizien für das Vorliegen einer Firmenbestattung handelt. In der Praxis lässt sich dies jedoch als eine Beihilfestrafbarkeit auf der Vorsatzebene nur schwer nachweisen, weil er vielleicht zwar die Möglichkeit der Insolvenzreife erkannt haben kann, diese Erkenntnis sich ihm jedoch bei der Vertragsausfertigung nicht aufdrängen muss.[98] Insofern jedoch ein Notar, Rechtsanwalt oder Steuerberater erkennt, dass es sich um eine illegale Firmenbestattung handelt und er dies wissentlich unterstützt, so liegt die Förderung einer solchen Tat in der Anfertigung der Verträge und deren Beurkundung sowie in der Beratungstätigkeit, was mit Strafbarkeit hinsichtlich der Insolvenzverschleppung verbunden ist.[99]

In diesem Zusammenhang wirft sich jedoch die Frage auf, an welchem Punkt die Strafbarkeit hinsichtlich des berufsbedingten Verhaltens beginnt beziehungsweise unter welchen Bedingungen äußerlich neutrale Handlungen eines Beraters strafrechtlich relevant sind. Demnach kann das Nachstehende konstatiert werden:

---

[98] Vgl. Mai (2008), S. 451.
[99] Vgl. Schmittmann / Gregor (2006), S. 414.

„Zielt das Handeln des Haupttäters ausschließlich darauf ab, eine strafbare Handlung zu begehen, und weiß dies der Hilfeleistende, so ist sein Tatbeitrag als Beihilfehandlung zu werten [...] in diesem Fall verliert sein Tun stets den Alltagscharakter; es ist als Solidarisierung mit dem Täter zu deuten [...] und dann auch nicht mehr als sozialadäquat [...] weiß der Hilfeleistende dagegen nicht, wie der von ihm geleistete Beitrag vom Haupttäter verwendet wird, halte er es lediglich für möglich, dass sein Tun zur Begehung einer Straftat benutzt wird, so ist sein Handeln regelmäßig noch nicht als strafbare Beihilfehandlung zu beurteilen, es sei denn, dass von ihm erkannte Risiko strafbaren Verhaltens des von ihn Unterstützten war derart hoch, dass er sich in seiner Hilfeleistung die Förderung eines erkennbaren tatgeneigten Täters angelegen sein ließ."[100]

Demnach stellt die Beratung eine strafbare Handlung dar, insofern der Berater die Straftatengeneigtheit seines Mandanten kennt und ihm im Rahmen der Beratung Gestaltungsmöglichkeiten hierfür aufzeigt.[101]

---

[100] Schmittmann / Gregor (2006), S. 414.
[101] Vgl. Schmittmann / Gregor (2006), S. 414.

3.3. Charakterisierung illegaler Firmenbestattungen

Durch die im vorigen Abschnitt determinierten strafbaren Handlungen lassen sich illegale Firmenbestattungen auch entsprechend charakterisieren. Dominierend hierbei lässt sich als erster Schwerpunkt die Sittenwidrigkeit identifizieren. Weitere Charaktere illegaler Firmenbestattungen sind die Benachteiligung der Gläubiger, langfristige Polemik der Zuständigkeit des Insolvenzgerichts sowie die zivilrechtliche Durchgriffshaftung auf die Geschäftsführer.

3.3.1. Sittenwidrigkeit

„Ein Rechtsgeschäft, das gegen die guten Sitten verstößt, ist nichtig."[102] Die Sittenwidrigkeit der illegalen Firmenbestattungen ist allein schon aus jenem Grund gegeben, weil die Handlung selbst gegen die guten Sitten verstößt. Als Maßstab der Sittenwidrigkeit wird hier generell das „Anstandsgefühl aller billig und gerecht Denkenden" herangezogen. Dabei ist der Gegenstand des Sittenwidrigkeitsurteils das vorgenommene

---

[102] Vgl. Bürgerliches Gesetzbuch (2009), § 138.

48

Rechtsgeschäft selbst. Durch die gesetzliche Bestimmung des § 138 BGB soll ein sittenwidriges Verhalten nicht sanktioniert, sondern die rechtliche Grundlage und somit die rechtliche Durchsetzbarkeit entzogen werden.[103]

Grundlegend für die Sittenwidrigkeit von Firmenbestattungen sind die in diesem Zusammenhang geschlossenen vertraglichen Vereinbarungen, so insbesondere alle Verträge, durch welche der Schuldner sein letztes zur Gläubigerbefriedigung taugliches Vermögen einem bestimmten Gläubiger überträgt, insofern dadurch gegenwärtige oder künftige Gläubiger über die Kreditwürdigkeit des Schuldners getäuscht werden und beide Vertragsparteien bei dieser Täuschung zusammengewirkt haben.[104] Hierzu zählen die im Abschnitt 3.2. bereits erörterten Straftatbestände. Hierzu gehören auch die Zahlungen an den Firmenbestatter. Die Honorare des Bestattungsentgeltes betragen in der Regel durchschnittlich 10.000 Euro und mehr. Da die Zahlung der Honorare an die Firmenbestatter ausschließlich die Belange der Gesellschafter betrifft, scheiden Zahlungen aus dem Firmenvermögen aus. Trotzdem sind die Zahlungen des

---

[103] Vgl. Internetpräsenz: http://ruessmann.jura.uni-sb.de/bvr2005/Vorlesung/sittenwi.htm (Stand: Februar 2009).
[104] Vgl. Mai (2008), S. 450

Geschäftsführers des insolventen Unternehmens an einen Firmenbestatter zu einem späteren Zeitpunkt wegen Sittenwidrigkeit anfechtbar. Dies gilt analog bei einem im Ausland ansässigen Firmenbestatter.[105]

Ferner steht ebenso die Frage des Rechtsmissbrauchs bei der Wahrnehmung prozessualer Rechte im Mittelpunkt.[106] Maßgeblich für die Evaluierung der Sittenwidrigkeit ist schließlich noch der Zeitpunkt, zu welchem die Firmenbestattung eingeleitet wurde. Durch ein bloßes gedankliches Vorhaben über die Realisierung einer Firmenbestattung als subjektives Element der Sittenwidrigkeit (verwerfliche Gesinnung, Bewusstsein der Evaluierung der Firmenbestattung als sittenwidrige Handlung, Kenntnis oder fahrlässige Unkenntnis der Umstände, auf denen das Sittenwidrigkeitsurteil beruht) ist diese noch nicht eingetreten. Denn eine verwerfliche Gesinnung oder das Bewusstsein auf Evaluierung bedingt noch keine sittenwidrige Handlung als obligatorisches Tatbestandsmerkmal. Jedoch kann auch ein Rechtsgeschäft im Rahmen einer Firmenbestattung nicht dadurch einer Sittenwidrigkeit entgehen, insofern

---

[105] Vgl. Schmittmann / Gregor (2006), S. 413.
[106] Vgl. Mai (2008), S. 450

nachgewiesen werden kann, dass sich die Beteiligten im Irrtum befinden.[107]

3.3.2. Benachteiligung der Gläubiger

Aufgrund der Beweisnot, welche Kläger und Strafverfolger in Firmenbestattungsfällen haben, werden insbesondere die Gläubiger benachteiligt. Die Ursache liegt insbesondere in der mutwilligen Zerstörung von Beweismaterialien durch die Firmenbestatter selbst. Durch die Vernichtung von Geschäftsunterlagen und der Verschleierung der tatsächlichen Gegebenheiten kann keine effektive Strafverfolgung beziehungsweise auch keine zivilrechtlichen Ansprüche durchgesetzt werden. Bei der Eröffnung eines Insolvenzverfahrens wird zwar generell ein Eröffnungsgutachten erstellt, welches den Strafverfolgern und Gläubigern einen wichtigen Anhaltspunkt über die Vermögenssituation geben könnte. Bei einer Firmenbestattung kann jedoch immer davon ausgegangen werden, dass dieses Eröffnungsgutachten nicht existiert, wodurch wichtige Anhaltspunkte für die Aufklärung und Rückverfolgung der Vermögensverschiebungen verloren gehen. Schließlich besteht auch ein wesentliches Problem darin, dass

---

[107] Vgl. Internetpräsenz: http://ruessmann.jura.uni-sb.de/bvr2005/Vorlesung/sittenwi.htm (Stand: Februar 2009).

Gläubiger in Hinblick auf die bevorstehenden Beweisschwierigkeiten sehr zurückhaltend auftreten und auch zur Aufrechterhaltung ihres kaufmännischen Rufes häufig von einer Anzeige Abstand nehmen.[108] Die Gläubiger resignieren, weil ihnen bewusst ist, dass sie aus einer ausgeplünderten Gesellschaft trotz Klageschrift und Vollstreckungstitel ihre Ansprüche nicht mehr geltend machen können.[109]

Ein weiterer Nachteil gegenüber den Gläubigern lässt sich dahingehend identifizieren, dass Geschäftsführer nach Eintritt des Insolvenzfalles oft noch Zahlungen bewirken, die nicht im Einklang mit dem Verhalten eines ordentlichen Kaufmanns stehen. Dies löst einen Haftungsanspruch der Gesellschaft gegenüber dem noch tätigen Geschäftsführer aus. Insofern im Fortgang dann das übrige Vermögen der Gesellschaft an den Firmenbestatter übertragen und Beträge zu eine späteren Zeitpunkt an die Geschäftsführer ausgezahlt werden, so kann dieser Vorgang dahingehend ausgelegt werden, dass dieses Vermögen den Gläubigern vorenthalten werden sollte.[110]

---

[108] Vgl. Mai (2008), S. 451.
[109] Vgl. Mai (2008), S. 456.
[110] Vgl. Schmittmann / Gregor (2006), S. 413.

3.3.3. Langfristige Polemik der Zuständigkeit des Insolvenzgerichts

Aufgrund der von den Firmenbestattern zahlreich gestellten Verweisungsanträge auf ein anderes Insolvenzgericht hinsichtlich der getätigten Unternehmensverlagerung entsteht in der Regel ein Kompetenzkonflikt in Form eines Zuständigkeitsstreites zwischen zwei Gerichten. Zwar sehen die einschlägigen Bestimmungen der Zivilprozessordnung vor, dass Verweisungsbeschlüsse bindend und daher unanfechtbar sind, doch besteht eine in der Praxis seltene Ausnahme darin, dass eine Verweisung annulliert werden kann, insofern sie gegen das Willkürverbot verstößt. Demnach kann auch bei einer illegalen Firmenbestattung der Verweisungsantrag zurückgewiesen werden, wonach dasjenige Insolvenzgericht seine Zuständigkeit beibehält, an welchem die Gesellschaft ursprünglich ihren Sitz hatte.[111] Ein bereits erfolgter Verweisungsbeschluss an das Insolvenzgericht am Sitz des Bestatters ist dann für dieses Gericht nicht bindend.[112] Auch die Mitnahme der Geschäftsunterlagen durch den neu bestellten Geschäftsführer begründet keine Zuständigkeit des für

---

[111] Vgl. Mai (2008), S. 454.
[112] Vgl. OLG Celle (2006b), Leitsatz.

den Wohnsitz des Geschäftsführers zuständigen Insolvenzgerichts.[113] Insofern eine Verweisung an ein anderes Insolvenzgericht erfolgen soll, muss das zuständige Insolvenzgericht daher sämtliche vorgetragene Umstände in ihrer Gesamtheit würdigen und von Amts wegen umfassend aufgeklärt haben.[114] Dadurch verfügt das Insolvenzgericht über die Möglichkeit, örtliche Ermittlungen durchführen zu lassen, ob ein gestellter Verweisungsantrag auf eine rechtsmissbräuchliche Zuständigkeitserschleichung hinausführen soll.[115] Bei einer Verweisung ohne entsprechende gerichtliche Prüfung, sondern nur allein aufgrund der Angaben aus dem Insolvenzantrag, entbehrt diese jeglicher gesetzlicher Grundlage und muss daher zumindest objektiv als willkürlich angesehen werden.[116]

3.3.4. Zivilrechtliche Durchgriffshaftung auf den Geschäftsführer

In Folge der im Rahmen einer Firmenbestattung begangenen Straftaten sowie der in diesem

---

[113] Vgl. OLG Celle (2006a), Leitsatz 3.
[114] Vgl. OLG Celle (2006a), Leitsatz 1.
[115] Vgl. Schmittmann (2004), S. 289.
[116] Vgl. OLG Celle (2006a), Leitsatz 2.

Zusammenhang bestehenden Sittenwidrigkeit kann eine zivilrechtliche Durchgriffshaftung auf die Geschäftsführer uneingeschränkt erfolgen. Hierbei haften die Geschäftsführer uneingeschränkt persönlich und gesamtschuldnerisch mit ihrem eigenen Vermögen aus der Gesellschaft unbeschadet des Umstandes, dass es sich um eine Gesellschaft mit Haftungsbeschränkung handelt. Dies wird bei einer Firmenbestattung und deren Folgehandlungen insbesondere dadurch bewirkt, weil die Gesellschaft als juristische Person missbraucht wurde.[117] Es handelt sich um eine so genannte „echte" Durchgriffshaftung, weil Tatbestände erkennbar sind, bei deren Verwirklichung die Rechtsordnung dem Geschäftsführer ausnahmsweise die Berufung auf das gesetzlich nominierte Haftungsprivileg untersagt.[118] Ferner wird die Durchgriffshaftung auch auf der Grundlage einer sittenwidrigen Schädigung legitimiert, zumal es sich um eine vorsätzliche Schädigung der Gläubiger handelt.[119] In diesem Kontext besteht seitens der Geschäftsführer eine Existenzvernichtungshaftung, wobei mit der Existenzvernichtung die böswillig und grob

---

[117] Vgl. Bürgerliches Gesetzbuch (2009), § 242.
[118] Vgl. GmbH-Gesetz (2009), § 13 Abs. 2.
[119] Vgl. Bürgerliches Gesetzbuch (2009), § 826.

fahrlässig herbeigeführte Insolvenz der Gesellschaft gemeint ist.[120]

Grundlegend räumt die Rechtssprechung den Gläubigern eine zivilrechtliche Durchgriffshaftung ein, insofern diese der Gesellschaft jene Handlungssubstanz vermindern, welche zur Erfüllung der Gesellschaftsverbindlichkeiten notwendig ist. Denn die Rechtssprechung geht davon aus, dass im Falle einer Insolvenz ein gezielter Entzug von Vermögenswerten erfolgt. Andererseits stellt sich die Frage, ob sich hierdurch in der Praxis ein gegenüber der deliktischen Haftung – so zum Beispiel im Sinne des § 826 BGB – entscheidender Vorteil ergibt.[121]

Eine weitere essenzielle Determinante besteht in der insolvenzrechtlichen Konsequenz der Veräußerung von Geschäftsanteilen. Im Mittelpunkt der Aufgaben eines vorläufigen Insolvenzverwalters steht neben der Aufklärung jeglicher Sachverhalte insbesondere die Generierung einer kostendeckenden Masse. Häufig wird diese Masse aus Ansprüchen gegen die Gesellschafter respektive ehemaligen Gesellschafter oder gegen den Geschäftsführer generiert. Insofern jedoch die

---

[120] Vgl. BGH-Urteil II ZR 3 / 04 vom 16.07.2007.
[121] Vgl. Mai (2008), S. 451.

schuldende Gesellschaft mit Mitteln des Gesellschaftsvermögens ein von einem Gesellschafter eigenkapitalersetzend besichertes Darlehen besichert und nach einer Sitzverlegung ins Ausland umgehend stillgelegt beziehungsweise liquidiert, so kann nach der einschlägigen Rechtssprechung des Bundesgerichtshofes eine benachteiligende Rechtshandlung dahingehend bestanden haben, dass die schuldende Gesellschaft es unterlassen hat, einen Freistellungs- beziehungsweise Erstattungsanspruch nach den einschlägigen Grundsätzen der Rechtssprechung zum Eigenkapitalersatzrecht gegen den jeweiligen Gesellschafter geltend zu machen.[122] Ferner ist in diesem Zusammenhang die Neufassung des § 135 Insolvenzordnung zu beachten, wonach die Rückzahlung von Gesellschafterdarlehen in Insolvenznähe unzulässig ist.[123]

Eine zivilrechtliche Durchgriffshaftung auf den Geschäftsführer ist insbesondere auch in zivil- und strafrechtlichen Haftungsfolgen einer Firmenbestattung gegeben.[124] Meist können diese mangels Greifbarkeit

---

[122] Vgl. BGH-Urteil vom 22.12.2005 – IX ZR 190 / 02, NZI 2006, S. 155 ff., zitiert aus Schmittmann / Gregor (2006), S. 213.
[123] Vgl. Mai (2008), S. 452 f.
[124] Vgl. Mai (2008), S. 452.

der Geschäftsführer beziehungsweise Gesellschafter nicht durchgesetzt werden. Hier zeigt die Praxis der Strafverfolgung, dass eine geringe Gefahr darin besteht, strafrechtlich zur Verantwortung gezogen zu werden. Es werden nur wenige Täter identifiziert, von denen meist nur ein Viertel verurteilt wird.[125] In der Regel ergibt sich eine Haftung aus dem Deliktsrecht, wegen mangelnder Kapitalausstattung, auf der Grundlage von Insolvenzstraftaten oder wegen Untreue. Der Schaden der Altgläubiger besteht dabei in der Differenz zwischen der im Fall einer rechtzeitigen Antragstellung auszuschüttenden – in der Regel fiktiven – und der tatsächlich ausgeschütteten Quote (Quotenschaden). Dagegen entsteht gegenüber den Neugläubigern ein Schaden, weil diese zu einem Geschäftsabschluss veranlasst worden sind, ohne über die Insolvenzreife Kenntnis erlangt zu haben (Kontrahierungsschaden). Insofern demnach der Geschäftsführer Zahlungen an einen Firmenbestatter leistet, welche die Insolvenzmasse schmälern, droht nicht nur dem ehemaligen, sondern auch dem neuen Geschäftsführer der Ersatzanspruch gegenüber der Gesellschaft. Durch diese schwerwiegende Haftung wären demnach der Alt- und der Neugeschäftsführer verpflichtet, sämtliche

---

[125] Vgl. Ostendorf (2008), S. 2.

Auszahlungen aus ihrem Privatvermögen erstatten zu müssen, da von ihnen Zahlungen trotz Kenntnis über die Insolvenzreife vor der Eröffnung des Insolvenzverfahrens veranlasst worden sind.[126]

Einen hohen Stellenwert im Haftungskonflikt nimmt das Instrument der Insolvenzanfechtung ein. Dadurch kann ein Insolvenzverwalter zugunsten der Gläubigergesamtheit Beträge in die Masse zurückholen, welche einzelne Beteiligte noch im Vorfeld der Insolvenzeröffnung erhalten haben. Die Insolvenzanfechtung setzt auf jeden Fall eine Benachteiligung der Gläubigergesamtheit voraus, was impliziert, dass die Gesamtheit der Gläubiger durch die vorausgegangenen Zahlungen schlechter gestellt ist, als wenn diese nicht abgeflossen wäre.[127] Demnach sind auch Zahlungen des Geschäftsführers der späteren Insolvenzschuldnerin an einen Firmenbestatter gemäß §§ 129 ff. Insolvenzordnung anfechtbar. Diese Regelung ist auch dann anwendbar, wenn die Zahlung an einen sich im Ausland befindlichen Investor geleistet wurde, an

---

126 Vgl. Mai (2008), S. 452.
127 Vgl. Bitter (2009), Online im Internet:
http://www.faz.net/s/RubA5A53ED802AB47C6AFC5F33A9E1
AA71F/Doc~E428204A418D44A83AD36484954D53E89~ATpl~Ecommon~
Scontent.html (Stand: Mai 2010).

59

welchen die Geschäftsanteile übertragen worden sind.[128]

Insgesamt besteht im Hinblick auf insolvenzrechtliche Haftungssanktionen immer ein Beweisproblem, weil sich haftungsbegründende Vermögensverschiebungen nicht ohne weiteres nachweisen lassen.[129]

3.4. Exemplarische Beispiele illegaler Firmenbestattungen

Die Unternehmensbestatter betreiben in Deutschland ein sehr lukratives Geschäft. Sie übernehmen im Auftrag der Eigentümer marode Gesellschaften, verlagern deren Unternehmenssitz, berufen nicht auffindbare Geschäftsführer und vernichten die Geschäftsunterlagen. Die Zielgruppen, welche die Dienstleistungen von Unternehmensbestattern in Anspruch nehmen, sind groß.[130] Durch die Wirtschaftskrise wurde dieses Geschäft in den letzten Jahren noch verstärkt angetrieben. Oft ist den betroffenen

---

[128] Vgl. Mai (2008), S. 452.
[129] Vgl. Mai (2008), S. 453.
[130] Vgl. Keuchel (2006), Online im Internet:
http://www.handelsblatt.com/unternehmen/strategie/ gepluendert-verschoben-begraben;1112190 (Stand: Januar 2010).

überschuldeten Unternehmern der lange Weg des Insolvenzverfahrens zu aufwendig und zu mühsam, weshalb diese den Weg über einen Unternehmensbestatter wählen. Denn durch diese Vorgehensweise entschulden sich die Unternehmer umgehend und übertragen die Gesellschaftsanteile an eine Person, welche in der Regel ihren Sitz unauffindbar im Ausland hat.[131] In der Regel handelt es sich deshalb bei Unternehmensbestattern um ein international aufgebautes Netzwerk, welche Unternehmen schrittweise unauffindbar liquidieren. Dies wurde beispielsweise bei der Mudring GmbH so praktiziert, welche im Rahmen einer Gebäudesanierung mehrere Subunternehmer beschäftigte. Zwar zahlte der Auftraggeber der Mudring GmbH pünktlich, doch die Subunternehmer erhielten kein Geld für die von ihnen erbrachten Leistungen. Denn die Mudring GmbH wurde kurz nach Realisierung des Auftrages systematisch durch professionell agierende Unternehmensbestatter beseitigt. So verwendete der Unternehmensinhaber die aus dem Sanierungsprojekt gezahlte Summe für die Tilgung seiner Unternehmensschulden bei der Sparkasse Spree-Neiße, für welche er persönlich haftete. Das nunmehr

---

[131] Vgl. Kuhr (2005), Online im Internet:
http://www.sueddeutsche.de/wirtschaft/110/339955/text/print.html
(Stand: Januar 2010).

entschuldete Unternehmen verkaufte der Unternehmensinhaber an einen Unternehmensberater. Forderungen und Verbindlichkeiten gingen auf den neuen Inhaber über. Doch der Unternehmensberater zeigte auch kein Interesse, die noch offenen Verbindlichkeiten an die 39 Gläubiger zu entrichten. Dagegen verkaufte der neue Inhaber sämtliches Anlagevermögen an den ehemaligen Unternehmensinhaber der Mudring GmbH zurück, welcher zwischenzeitlich zwei neue Unternehmen gegründet hatte. Damit war die nun vollumfänglich ausgeschlachtete Mudring GmbH zahlungsunfähig. Im Fortgang verkaufte der Unternehmensberater die Mudring GmbH an eine Unternehmensbestatterin, welche für ihre Dienstleistung einen Betrag in Höhe von zehntausend Euro als Barzahlung erhielt. Diese Unternehmensbestatterin lebte seit mehreren Jahren unter einer unbekannten Anschrift in Spanien und war damit für die Gläubiger nicht erreichbar. Damit waren zunächst alle Spuren nicht mehr nachvollziehbar. Zu einem späteren Zeitpunkt musste sich die Unternehmensbestatterin jedoch für ihre Taten verantworten und erhielt eine zweijährige Bewährungsstrafe wegen Insolvenzverschleppung, Bankrott und Untreue. Jedoch konnten die genannten

Gläubiger bis zum heutigen Tage ihre Forderungen nicht durchsetzen.[132]

Ein anderes Unternehmen, welches Firmenbestattung in einem großen Stil betrieb, war die Ultima Unternehmensberatung in Berlin. Unter dem Motto „Krise als Chance" umwarben die Berater gezielt Unternehmen, welche besondere wirtschaftliche Schwierigkeiten aufwiesen. Dieses Unternehmen übernahm im Rahmen einer Unternehmensbestattung unter anderem die Kettling GmbH Lüdenscheid, dessen Inhaber sich nach der Übernahme nach Kanada absetzte. Die Unternehmensbestatter setzten einen Geschäftsführer ein, welcher völlig unerfahren und ahnungslos war. Er glaubte, durch diese Position am Aufbau eines großen Verbundunternehmens mitwirken zu können und fasste diese Möglichkeit als große Karrierechance auf, zumal er als Studienabbrecher auf dem Arbeitsmarkt keine großen Chancen hatte. Im weiteren Verlauf übernahm der unwissende Geschäftsführer insgesamt vier Geschäftsführer positionen. Der Hauptgläubiger der maroden Kettling GmbH – die Volksbank Lüdenscheid – hatte gegenüber dem Unternehmen Forderungen in Höhe von mehreren

---

[132] Vgl. Mitteldeutscher Rundfunk (2005), Online im Internet: http://193.22.36.128/umschau/1657701.html (Stand: Januar 2010).

Millionen Euro. Zwischen dem Unternehmen und der Bank bestand jedoch eine Vereinbarung, dass die aufgelaufenen Schulden gegen eine Abschlagszahlung in Höhe von 200.000 Euro gestrichen werden können. Daraufhin wurde der Lagerbestand des Unternehmens gegen einen Betrag in Höhe von 245.000 Euro veräußert. Von diesem Geld sollten die Verbindlichkeiten an die Bank bezahlt werden. Der Lagerbestand wurde durch eine Scheckzahlung beglichen, welche jedoch nicht zugunsten der Kettling GmbH, sondern zugunsten einer S-Tax-Steuerberatungsgesellschaft in Berlin eingelöst wurde. Somit war das Geld für die Kettling GmbH nicht mehr verfügbar. Der Geschäftsführer bemerkte das nicht rechtskonforme Vorgehen der Gesellschafter und kündigte umgehend. Jedoch musste er für verschiedene Verbindlichkeiten des Unternehmens mit seinem Privatvermögen haften und verlor sein gesamtes Vermögen. Ferner wurde gegen ihn Strafantrag gestellt. Aufgrund seiner vollumfänglichen Aussage erhielt er eine milde Geldstrafe in Höhe von 1.500 Euro. Diese musste er jedoch in der Haftanstalt absitzen, da er aufgrund der privaten Durchgriffshaftung sein gesamtes Vermögen verloren hatte.[133]

---

[133] Vgl. Rose (2007), S. 23.

Ein weiterer Fall der Ultima Unternehmensberatung Berlin, charakterisierte sich darin, dass die Unternehmensbestatter einen Mann rekrutierten und ihm ein monatliches Honorar in Höhe von 800 Euro, einen Firmenwagen sowie ein Mobiltelefon versprachen, mit dem er so lange telefonieren kann, wie er möchte. Es wurde ihm kommuniziert, dass er sich mit dem operativen Geschäft des Unternehmens nicht auseinandersetzen muss, sondern nur seinen Namen für das Unternehmen zur Verfügung stellen sollte. Die Ultima Unternehmensberatung Berlin nutzte daraufhin seinen Namen für dubiose Unternehmensbestattungen aus. Auch ein weiterer Mann aus Berlin, welcher arbeitslos war, bewarb sich auf eine Geschäftsführerposition. Jedoch wurde ihm diese verwehrt. Anstatt dieser Position bat man ihn, als Käufer einer Wohnung aufzutreten. Der Verkäufer der Wohnung war ein Mitarbeiter der Ultima Unternehmensberatung Berlin. Hierzu stattete man den angeheuerten Arbeitslosen mit gefälschten Verdienstbescheinigungen aus, um ihn kreditwürdig erscheinen zu lassen. Die Bank gewährte ihm ein Darlehen in Höhe von 160.000 Euro, worauf er die besagte Eigentumswohnung erwarb. Die Raten für den Wohnungskredit erhielt er in den nachfolgenden Monaten zunächst von der Ultima Unternehmensberatung als Barzahlung zurückerstattet. Doch auch dann bekam er von den Unternehmensbestattern kein Geld mehr. Die Wohnung wurde zu einem Kaufpreis in Höhe von 67.000 Euro zwangsversteigert, wodurch für die Bank ein hoher Verlust entstand. Ferner übernahm er im Fortgang noch einige Positionen als Geschäftsführer, welche jedoch alle innerhalb von sieben Wochen das Insolvenzverfahren anmelden mussten. Heute ist der ehemalige Geschäftsführer mittel- und obdachlos.[134]

Ein weiteres Unternehmen, welches durch die Ultima Unternehmensberatung Berlin beerdigt wurde, war eine kleine traditionsreiche Metallfirma in Plettenberg. Innerhalb von einem Jahr wurden fünf verschiedene Geschäftsführer berufen und wieder abberufen. Als der Insolvenzverwalter den Server mit den wichtigsten Daten des Unternehmens suchte, war dieser zur Steuerberatungsgesellschaft S-Tax Berlin gebracht worden, wo er jedoch nie ankam. Ferner stellte der Insolvenzverwalter fest, dass ein Fuhrpark von hochklassigen Kraftfahrzeugen bestand. So identifizierte er einen Ferrari, zwei Mercedes und einen BMW. Deshalb

---

[134] Vgl. Rose (2007), S. 23.

stellte der Insolvenzverwalter einen Strafantrag gegen die Unternehmensbestatter.[135]

Schließlich beerdigte die Ultima Unternehmensberatung Berlin am 23.02.2006 auch ihr eigenen Unternehmen. Sie wurde in Knoth Automobile GmbH umbenannt. Zwar beantragte einer der vielen Gläubiger die Löschung des Unternehmens wegen Vermögenslosigkeit, doch die Unternehmen gründeten neue Gesellschaften: die Creative Invest House GmbH beziehungsweise die Go East Invest SE, mit denen sie jetzt ähnliche Geschäfte abwickeln.[136]

Ein weiterer Unternehmensbestatterfall ereignete sich in Stuttgart – der Kirgisen-Fall. Ein Unternehmen im Badischen hatte Schulden in Höhe von 400.000 Euro angehäuft. Unter diesen Umständen hätte der Unternehmer einen Insolvenzantrag stellen müssen. Stattdessen generierte er aus seinem Unternehmen zwei neue Firmen. Eine dieser Firmen brachte die Gewinne ein und die andere Firma erlitt nur Verluste. Das Verlust-Unternehmen verkaufte er für zwei Millionen Euro an ein kürzlich gegründetes tschechisches Unternehmen, dessen Geschäftsführer ein weißrussischer Staatsbürger

---

[135] Vgl. Rose (2007), S. 23.
[136] Vgl. Rose (2007), S. 23.

war. Dieser Geschäftsführer verschmolz das tschechische und das marode deutsche Unternehmen miteinander. Anschließend verrechnete der deutsche Unternehmensinhaber die Arbeitsleistungen des neuen Unternehmens mit den Kaufpreisschulden, wodurch er den Kaufpreis abarbeiten ließ. Schließlich ersetzte er den weißrussischen Geschäftsführer durch einen kirgisischen, welcher über einen tschechischen Anwalt die Geschäftsunterlagen des Unternehmens anforderte und sogleich das Insolvenzverfahren beantragte. Seit diesem Zeitpunkt sind die Geschäftsunterlagen nicht mehr auffindbar, weshalb der Insolvenzverwalter Strafanzeige erstattet hat.[137]

Die wohl bekannteste Konstruktion von Unternehmensbestattern ist die Marbella-Connection in Südspanien, welche über ein ausgezeichnetes organisiertes betrügerisches Netz verfügt und gegen welches die deutsche und spanische Justiz bereits längere Zeit ermittelt.[138] Sie warb über mehrere Jahre in Zeitungen, Zeitschriften sowie im Internet mit dem nachstehenden Text:

---

[137] Vgl. Keuchel (2006), Online im Internet:
http://www.handelsblatt.com/unternehmen/strategie/ gepluendert-
verschoben-begraben;1112190 (Stand: Januar 2010).
[138] Vgl. Zyklop Inkasso (2004), Online im Internet:
http://www.zyklop.de/inkasse_pressemitteilungen/ inkasso-presse-
010204.html (Stand: Dezember 2009).

So sanieren Sie clever Ihre insolvenzbedrohte GmbH und ziehen sich clever als Geschäftsführer zurück. Nutzen Sie perfekte, völlig regressfreie und haftungsentlastende Alternativen und sichern Sie Restwerte legal ab. Sprechen Sie Experten. Rufen Sie uns an, wir sprechen deutsch. Rechtsanwaltskanzlei Marbella.[139]

Diese oder ähnliche Anzeigen wurden unter anderem in der „Welt", „Frankfurter Allgemeinen Zeitung", „Frankfurter Rundschau" oder im „Handelsblatt" veröffentlicht.[140] Eine Unmenge an bereits maroden Unternehmen beauftragte diese Rechtsanwaltskanzlei mit der Wahrnehmung ihrer illegalen Interessen. So meldete auch die Bauträgerfirma Planbau im württembergischen Grosselfingen Insolvenz an, bei welcher eine Vielzahl an Bauarbeitern ihre Arbeitsstelle verlor. Auch zahlreiche Gläubiger konnten ihre noch offenen Forderungen gegenüber diesem Unternehmen

---

[139] Vgl. Klar (2003), Online im Internet:
http://frontal21.zdf.de/ZDFde/druckansicht/1/0,6911,2053697,00. html
(Stand: Dezember 2009).
[140] Vgl. Keuchel (2006), Online im Internet:
http://www.handelsblatt.com/unternehmen/strategie/ gepluendert-verschoben-begraben;1112190 (Stand: Januar 2010).

nicht mehr geltend machen. Denn kurz vor der Beantragung des Insolvenzverfahrens wurde die Bauträgerfirma am 22. August 2002 nach Spanien verkauft. Einige Tage später folgte durch den spanischen Geschäftsführer und Gesellschafter der Insolvenzantrag. Dieser kannte das Unternehmen selbst überhaupt nicht. Das primäre Ziel bestand jedoch nur darin, die Vermögenswerte nach Spanien zu verbringen und die Geschäftsunterlagen zu vernichten beziehungsweise diese nach Spanien zu versenden, damit die deutschen Justizbehörden keinen Zugriff mehr auf diese haben können. Im Fortgang konnten die begonnenen Bauprojekte nicht weitergeführt werden, obwohl die Bauherren bereits die Leistungen bezahlt hatten. Es entstand ein Gesamtschaden in Höhe von mehreren Millionen Euro.[141]

Insgesamt beging die Marbella-Connection mehr als zweitausend Straftaten hinsichtlich Falschbeurkundungen, Untreue, Bankrottdelikte und Insolvenzverschleppung. Der Schaden wurde auf mehrere Millionen Euro geschätzt. Dabei unterlief die Marbella-Connection die zum Schutz der Gläubiger

---

[141] Vgl. Klar (2003), Online im Internet:
http://frontal21.zdf.de/ZDFde/druckansicht/1/0,6911,2053697,00.html
(Stand: Dezember 2009).

geschaffenen rechtlichen Sicherungssysteme. Auf der Grundlage eines Systems, welches aus Vermittlern und Pseudogeschäftsführern bestand, kauften sie mehr als 500 Unternehmen von den ehemaligen Inhabern zu Preisen zwischen fünf- und zehntausend Euro auf. Die Gesamteinnahmen kumulierten sich schließlich auf Beträge zwischen 2,5 Millionen und fünf Millionen Euro. Dafür wurden die Unternehmenssitze verlegt, welche meist nur über ein Postfach im Ausland verfügten sowie neue Geschäftsführer mit partiell falschen Identitäten eingesetzt. Damit waren die Unternehmen nicht mehr erreichbar; die Gläubiger konnten ihre Forderungen nicht mehr geltend machen und Insolvenzanträge nicht zugestellt werden. Die Geschäftsführer der zahlungsunfähigen Unternehmen wollten letztlich verhindern, dass sämtliche Vermögenswerte aufgedeckt und der Liquidation unterworfen werden oder aber die persönliche Durchgriffshaftung angewendet werden würde.[142]

Aus diesem Grund nahm sich Staatsanwalt Frank Erdt aus Gera dieser Sache an. Er leitete in dieser Angelegenheit die bereits bezifferten mehr als zweitausend Strafverfahren ein. Seine Ermittlungen nahm er im Jahre

---

[142] Vgl. AFP (2006), S. 1.

71

2001 auf, welche mit einem Betrugsfall einer Bauunternehmerin in Thüringen beginnt. Diese Unternehmerin hatte ihre Gläubiger dahingehend betrogen, dass sie ihr Unternehmen an die Marbella-Connection veräußerte und damit auch Insolvenzverschleppung begangen hatte. Vor Gericht behauptete sie, dass sie ihr Unternehmen an einen Investor in Spanien verkauft und dieser die Schulden des Unternehmens übernommen hatte. Ferner übergab sie die Anschrift des Investors. Daraufhin vergleicht Staatsanwalt Erdt den Namen des Unternehmenskäufers mit den Handelsregisterlisten und stellt fest, dass der besagte Gesellschafter neben dem insolventen Bauunternehmen aus Thüringen gleich weitere mehr als fünfzig weitere insolvente Unternehmen bundesweit aufgekauft hat. Bei all diesen Fällen wird evident, dass auch dort Verfahren wegen Insolvenzverschleppung und Betrug angezeigt sind. Da einige der besagten Fälle in Thüringen eingetreten sind, fordert Erdt die Akten von seinen Kollegen an. Er beschäftigt sich über mehrere Monate täglich zwölf bis vierzehn Stunden – auch an den Wochenenden – mit dem Fall der Marbella-Connection und rekonstruiert die Zusammenhänge: die Marbella-

Connection – eine straff geführte kriminelle Organisation mit einer klaren Aufgabenverteilung.[143]

Staatsanwalt Erdt hat bis zum heutigen Tage die Marbella-Connection fast zerschlagen.[144] In den Jahren 2004 bis 2008 wurden auf der Grundlage von Erdts Anklagen 24 Beschuldigte verurteilt: sieben mit Freiheitsstrafen ohne Bewährung, sechzehn zu Freiheitsstrafen mit Bewährung. Ein Notar aus Jena, welcher eine Vielzahl dubioser Kaufverträge protokollierte, erhielt eine Geldstrafe.[145]

Als der Prozess gegen den Chef der Marbella-Connection und seinen Komplizen vor dem Landgericht in Mühlhausen eröffnet wurde, ließ der Richter die Verlesung von Erdts Anklageschrift, welche immerhin 750 Seiten umfasste, abbrechen. Der Richter begründete seine Entscheidung damit, dass die Anklageschrift viel zu kompliziert, für die Prozessbeteiligten nicht zu verstehen und deshalb unzumutbar wäre. Es wurde deshalb ein

---

[143] Vgl. Schrep (2008), Online im Internet:
http://www.spiegel.de/spiegel/0,1518,druck-598487,00.html (Stand: Januar 2010).
[144] Vgl. Keuchel (2006), Online im Internet:
http://www.handelsblatt.com/unternehmen/strategie/ gepluendert-verschoben-begraben;1112190 (Stand: Januar 2010).
[145] Vgl. Schrep (2008), Online im Internet:
http://www.spiegel.de/spiegel/0,1518,druck-598487,00.html (Stand: Januar 2010).

Deal ausgehandelt. Staatsanwalt Erdt revidierte 1.200 Anklagepunkte und die Beschuldigten gestanden die übrigen strafbaren Aspekte. Daraufhin verurteilte der Richter den Chef der Marbella-Connection zu einer Freiheitsstrafe von fünf Jahren. Sein Komplize erhielt eine Strafe von dreieinhalb Jahren. Im Dezember 2008 erwirkte Erdt schließlich das letzte Urteil gegen ein Mitglied der Marbella-Connection, welches eine Freiheitsstrafe von zwei Jahren auf Bewährung erhielt. Erdt, welcher mit viel Beharrlichkeit einen großen kriminellen Sumpf ausgetrocknet hatte, expliziert, dass neben der Marbella-Connection längst neue Fälle bestehen. Jedoch entschied der Behördenleiter, dass Erdt die Zuständigkeit für Wirtschaftsstrafsachen entzogen wird. Er begründete seine Entscheidung damit, dass diese Verfahren die Behörde überfordern. Die Mitarbeiter Erdts haben sich jahrelang bei ihren Vorgesetzten beklagt, dass sie eine Vielzahl von Akten für Erdt transportieren mussten oder aber eine Unmenge Schreibarbeit leisten mussten. Auch seine Kollegen respektive andere Staatsanwälte aus der gleichen Behörde beschwerten sich darüber, dass Erdt sich Strafverfahren anderer Staatsanwaltschaften annahm und sie deshalb seine lokalen Strafverfahren mitbearbeiten mussten. Demnach hatte Erdt den reibungslosen Ablauf einer deutschen Behörde gestört und darf aus diesem Grunde seine erlangten Kenntnisse im Bereich der wirtschaftskriminellen Unternehmensbestattung nicht mehr in der Praxis anwenden. In der Zukunft soll Erdt Umweltsünder verfolgen, deren Nachnamen mit den Buchstaben U, V, W, X, Y und Z beginnen. Anhand dieser Konstellation lässt sich konstatieren, dass engagierte Strafverfolger auch in deutschen Behörden nicht gern gesehen und deshalb in den eigenen Reihen eliminiert werden. Obwohl jene Spezialisten wie Erdt insbesondere in der gegenwärtigen Zeit, wo illegale Unternehmensbestattungen nach wie vor realisiert werden, dringend benötigt werden, unterhöhlen die deutschen Behörden das Engagement solcher Fachkräfte, was eine traurige Bilanz darstellt.

4. Volkswirtschaftliche Folgen illegaler Firmenbestattungen

4.1. Sinkendes Wirtschaftswachstum

Durch illegale Firmenbestattungen entstehen nicht nur wirtschaftliche Schäden in den betroffenen Gläubigerunternehmen, sondern es wird auch das Wirtschaftswachstum gehemmt. Dies ist dadurch gekennzeichnet, dass die gesamtwirtschaftliche Produktion beziehungsweise das gesamtwirtschaftliche Einkommen sinkt. Dadurch werden Arbeit und Kapital verringert sowie der technische Fortschritt gehemmt.[146] Unter Bezugnahme auf die gegenwärtige Insolvenzsituation in der Bundesrepublik Deutschland muss berücksichtigt werden, dass diese in den einzelnen Unternehmen nicht nur durch die gegenwärtige allgemeine wirtschaftliche Krisensituation besteht. Die Überschuldung als Voraussetzung für die Insolvenz kann viele Ursachen haben:

- Fahrlässigkeit hinsichtlich ungenügender Kenntnisse in der Wirtschaft, mangelnde Branchenkenntnisse, Fehlen einer geordneten Betriebs- und Rechnungsprüfung, Unvermögen einer differenzierten Beurteilung von Wirtschaftsvorgängen, Gründungsfehler, Unerfahrenheit, Veranlassung und Durchführung von übermäßigen Investitionen und überflüssigen Betriebserweiterungen,

---

[146] Vgl. Bundesministerium für Finanzen (2010), S. 1.

- Externe Auslöser beziehungsweise Verlustquellen durch eine geänderte Marktlage, ausländische und inländische Wettbewerbersituation, Kreditrestriktionen, Lohn- und Steuererhöhungen, Insolvenz von Abnehmern, Ausfall von Lieferanten,

- Fehler beziehungsweise Verlustquellen im innerbetrieblichen Bereich durch das Fehlen eines unbedingt notwendigen kaufmännischen Weitblicks, rationelle Planung bei Funktionsänderungen, Absatzschwierigkeiten, Kalkulationsfehler, Produktionsmisserfolge, mangelnde Beobachtung der Vorkommnisse in der Wirtschaft, Angebot und Nachfrage, Zinsen- und Kostensteigerungen, Umstrukturierungen, Differenzen in der Geschäftsführung,

- Persönliches Verschulden durch überhöhte Privatentnahmen, Spekulationen, Vernachlässigung der Geschäftsführung oder betrügerische Handlungen,

- Kapitalmangel hinsichtlich zu niedrigem Eigenkapital zur Befriedigung des innerhalb des Unternehmens geforderten Aufwands sowie Unterschätzung der verfügbaren Eigenmittel mit der Absicht des Fremdkapitaleinsatzes,

- Sonstige Ursachen wie Krankheit, Unglücksfälle durch höhere Gewalt oder anderen Ursachen, welche nicht in der Einflusssphäre des Unternehmens liegen.[147]

Die meisten der genannten Insolvenzursachen können durch ein Sanierungsprogramm im Rahmen eines Insolvenzverfahrens zur dauerhaften Rettung des Unternehmens führen. Durch effektive und effiziente Sanierungsmaßnahmen kann die Wirtschaftsfähigkeit des Unternehmens wieder hergestellt werden, was automatisch zu einem steigenden Wirtschaftswachstum führt. Insofern jedoch ein Unternehmen durch die Tätigkeit illegaler Unternehmensbestatter ausgeplündert wird, sind keine Möglichkeiten mehr gegeben, das Unternehmen zu sanieren, was zwangsläufig zur Stagnation des Wirtschaftswachstums beiträgt.

---

[147] Vgl. Kreditschutzverband von 1870 (2010), Online im Internet: http://www.ksv.at/KSV/1870/de/5presse/ 3statistiken/1insolvenzen/2009-04/InsUrsachen2008/index.html (Stand: Juni 2010).

Die nachstehende Abbildung gibt einen Überblick über die Entwicklung des Wirtschaftswachstums durch das Bruttoinlandsprodukt[148] seit dem Jahre 1992 bis zum Jahre 2009.

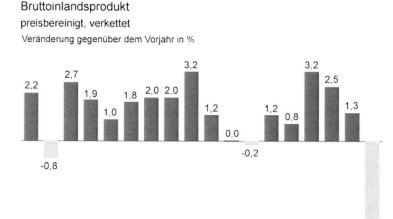

Bruttoinlandsprodukt
preisbereinigt, verkettet
Veränderung gegenüber dem Vorjahr in %

© Statistisches Bundesamt, Wiesbaden 2010

Quelle: Statistisches Bundesamt (2010), Online im Internet: http://www.destatis.de/ jetspeed/portal/cms/Sites/destatis/Internet/DE/Grafiken/Volkswirtschaft lichcCcsamtrcchnungcn/Diagramme/Wachstum.psml (Stand: Juni 2010)

---

[148] Das Bruttoinlandsprodukt dient als Richtwert für die Bestimmung des Wirtschaftswachstums. Vgl. Bundesministerium für Finanzen (2010), S. 1.

79

4.2. Sinkende Beschäftigung

Insofern durch Unternehmensbestattungen insolvente Firmen geschlossen werden, geht dies gleichzeitig mit der Freisetzung von Arbeitskräften einher. Dadurch entstehen im volkswirtschaftlichen Sinne eine unzureichende Verteilung der vorhandenen Produktionsfaktoren und ein Wohlfahrtsverlust. Eine Berechnung über den Verlust am Bruttoinlandsprodukt ist gegenwärtig wissenschaftlich nicht realisierbar, da die Unternehmensbestattung als Grund der Arbeitslosigkeit isoliert erhoben werden müsste. Hinzu kommen jedoch die Kosten für eine aktive und passive Arbeitsmarktpolitik sowie Steuer- und Sozialversicherungsausfälle. Letztlich müssen auch die Mehrausgaben für die Auszahlung von Arbeitslosengeld I und Arbeitslosengeld II berücksichtigt werden.[149]

4.3. Sinkendes Einkommen

Ein sinkendes Wirtschaftswachstum und eine sinkende Beschäftigung gehen analog mit einem sinkenden Einkommen einher. Hierdurch vermindern sich in logischer Konsequenz die Konsumgüternachfrage und die

---

[149] Vgl. Petzold (2003), S. 6 f.

Investitionsgüter-nachfrage.[150] Das Nachfragedefizit vergrößert sich und die Träger der gesamtwirtschaftlichen Komponenten der Nachfrage-, Konsum-, Investitions- und Staatsnachfrage in Bund, Ländern und Gemeinden verhalten sich erfahrungsgemäß bei rückläufigem Einkommen allesamt prozyklisch. Die im Zuge der Unternehmensbestattungen einhergehenden sinkenden Einkommen – insbesondere hervorgerufen durch Arbeitslosigkeit, Kurzarbeit oder durch Stellenersatz mit einem hinzunehmenden niedrigeren Einkommen – führen zu zunehmend pessimistischen Einkommenserwartungen der Gesamthaushalte und somit zu sinkenden Konsumausgaben. Dies führt wiederum zu sinkenden Umsätzen bei den betroffenen Unternehmen und obendrein zu sinkenden Einkommen bei den dortigen Beschäftigten, wodurch diese wiederum ihre Konsumausgaben einschränken.[151]

4.4. Belastung des Staatshaushaltes

Schließlich wird durch die Tätigkeit illegaler Unternehmensbestatter auch der Staatshaushalt

---

[150] Vgl. Laser (2000), S. 120.
[151] Vgl. Möller (1997), S. 14.

belastet. Hierbei entsteht ein strukturelles Defizit mit einer dauerhaften Überlastung des Haushaltes, wobei diese Ausgaben nicht durch Einnahmen kompensiert werden können. Dies betrifft sowohl den Bundeshaushaltsplan als auch die Landeshaushaltspläne und kommunalen Haushaltspläne.[152] Zu den korruptionsinduzierten Auswirkungen auf den Staatshaushalt zählen unter anderem ein vermindertes Wirtschaftswachstum, sinkende Steuereinnahmen, sinkende Direktinvestitionen, ein Inflationsanstieg, ein wachsender Anteil öffentlicher Investitionen am Bruttoinlandsprodukt, geringe Staatseinnahmen, eine schlechte Infrastruktur, sinkende Bildungsausgaben, ein hoher Anteil an Ausgaben für juristische Behörden, wachsende Einkommens-unterschiede, steigende Umweltverschmutzung sowie ein Wachstum bürokratischer Hemmnisse nachweisen. Aus empirischer Sicht charakterisiert sich ein korruptes Vorgehen wie Unternehmensbestattungen demnach als wirtschaftlicher Bremsklotz („sand the wheels" und nicht als Schmiermittel („grease the wheels").[153]

---

[152] Vgl. Eickhoff (2002), S. 4.
[153] Vgl. Heinrich (2007), S. 17 f.

5. Potenzielle Prävention gegen illegale Firmenbestattungen durch Gesetzesänderungen

5.1. Erleichterung der Zustellung

Früher bestand die Begünstigung einer Unternehmensbestattung darin, dass bereits die Zustellung von Schriftstücken oder Willenserklärungen an insolvente Gesellschaften mit großen Hindernissen verbunden waren.[154] Aufgrund der Problematik weiter anhaltender illegaler Unternehmensbestattungen hat der Gesetzgeber in Deutschland das GmbH-Recht mit dem Gesetz zur Modernisierung des GmbH-Rechts und zur Bekämpfung von Missbräuchen (MoMiG) ein präventives Instrument geschaffen. Eine Bekämpfung der Vorgehensweise erfolgt insbesondere durch eine Erleichterung der Zustellung an die GmbH. Die Vereinfachung der Zustellung ist insbesondere für den Insolvenzverwalter von hoher Bedeutung, da er sowohl privatrechtliche Willenserklärungen als auch zivilprozessuale Korrespondenz unmittelbar zustellen (lassen) kann. Künftig können Zustellungen nach den für die öffentliche Zustellung geltenden Vorschriften der

---

[154] Vgl. Kienzl (2008), S. 247.

Zivilprozessordnung erfolgen. Eine essenzielle Voraussetzung besteht darin, dass bei juristischen Personen, welche zur Anmeldung einer inländischen Gesellschaft zum Handelsregister verpflichtet ist, der Zugang einer Willenserklärung nicht unter der eingetragenen Anschrift oder einer im Handelsregister eingetragenen Anschrift einer für Zustellungen empfangsberechtigten Person oder aber einer ohne Ermittlungen bekannten anderen inländischen Anschrift möglich ist. Diese Regelung gilt analog auch für ausländische Gesellschaften.[155] Insofern jedoch generell weiterhin keine Zustellung mehr möglich ist, zum Beispiel bei Schließung eines Lokals oder Büros, kann diesem Zustellungshindernis durch eine erleichterte öffentliche Zustellung begegnet werden. Diese Möglichkeit besteht auch dann, wenn keine Anschrift weiterer empfangsberechtigter Personen ermittelt werden kann.[156]

Die erleichterte öffentliche Zustellung bietet den Gläubigern einen großen Vorteil, da hierüber an nicht zu erreichende Schuldner eine Zustellung bewirkt werden kann. Ferner muss der Gläubiger nicht mehr aufwendige Nachforschungen ausländischer Anschriften

---

[155] Vgl. Mai (2008), S. 454.
[156] Vgl. Kienzl (2008), S. 248.

beziehungsweise keine Zustellung mehr an eine ausländische Anschrift vornehmen, wodurch eine hohe Zeitersparnis entsteht, auf deren Grundlage der Zugriff auf die Schuldner verbessert werden kann. Die Wahrscheinlichkeit, dass die Gläubiger aus dem noch vorhandenen Vermögen zumindest partiell bedient werden können, wird dadurch größer. Letztlich ist die Gesellschaft faktisch durch das Gesetz dazu gezwungen, eine Anschrift im Inland aufrechtzuerhalten.[157]

5.2. Maßnahmen bei Führungslosigkeit der Gesellschaft

Eine Führungslosigkeit der Gesellschaft liegt vor, wenn die Gesellschaft über keinen Geschäftsführer mehr verfügt. Sie wird in diesem Falle durch jeden Gesellschafter vertreten. Bei einem Insolvenzverfahren wird demnach jeder Gesellschafter anstatt des Geschäftsführers angehört.[158] Diese Praxis ist bereits schon dahingehend zu unterstützen, weil insolvente Gesellschaften in der Regel über keinen Geschäftsführer mehr verfügen, da diese meist ihr Amt niederlegen. Analog lässt sich kein neuer Geschäftsführer akquirieren, da dieser das

---

[157] Vgl. Kienzl (2008), S. 250.
[158] Vgl. Schmittmann / Gregor (2006), S. 412.

Haftungsrisiko kraft der ihm übertragenen Verantwortung nicht übernehmen möchte. Dies führt zu dem inakzeptablen Ergebnis, dass eine Gesellschaft mangels Vertretungsorgan prozessunfähig wird und keine Zustellung an diese bewirkt werden kann.[159] Durch das Gesetz zur Modernisierung des GmbH-Rechts und zur Bekämpfung von Missbräuchen (MoMiG) besteht ebenso eine Insolvenzverschleppungshaftung der Gesellschafter im Falle der Führungslosigkeit der Gesellschaft.[160] Dies impliziert, dass bei führungslosen Gesellschaften weiterhin die Gesellschafter zur Antragstellung berechtigt beziehungsweise bei Kenntnis der Zahlungsunfähigkeit sogar verpflichtet sind, einen Insolvenzantrag zu stellen. Eine Ausnahme besteht lediglich darin, wenn der Gesellschafter über die Zahlungsunfähigkeit keine Kenntnis hatte.[161] Auch der Katalog der Ausschlussgründe für die Geschäftsführer wird erweitert, so beispielsweise um das Delikt der Insolvenzverschleppung.[162] Die Erklärungen können bei jedem Gesellschafter der juristischen Person abgegeben werden. Das bisherige Zahlungsverbot wurde um jene Gesellschafter erweitert, welche durch verbotswidrige

---

[159] Vgl. Kienzl (2008), S. 250.
[160] Vgl. Mai (2008), S. 454.
[161] Vgl. Schmittmann / Gregor (2006), S. 412.
[162] Vgl. Mai (2008), S. 454.

Auszahlungen die Zahlungsunfähigkeit der Gesellschaft herbeiführen. Demnach können nunmehr geschädigte Gläubiger viel besser ihre Forderungen durchsetzen. Andererseits müssen die Gläubiger häufiger mit einer Sitzverlegung der Gesellschaft kalkulieren, welche das Umgehen der nunmehr schärferen Regelungen für das Ende einer Gesellschaft weiterhin zulassen.[163]

5.3. Haftung bei Ausplünderung der Gesellschaft

Der Geschäftsführer hattet auf der Grundlage des Gesetzes zur Modernisierung des GmbH-Rechts und zur Bekämpfung von Missbräuchen (MoMiG) auch für die Ausplünderung der Gesellschaft.[164]

5.4. Bestellungshindernisse für den Geschäftsführer

Die Reduzierung der Missbrauchsgefahr erfolgt auf der Grundlage des Gesetzes zur Modernisierung des GmbH-Rechts und zur Bekämpfung von Missbräuchen (MoMiG)

---

[163] Vgl. Mai (2008), S. 455.
[164] Vgl. Kienzl (2008), S. 249.

dahingehend, dass eine Erweiterung des Bestellungsverbotes gesetzlich verankert wurde. Dadurch können die Geschäftsführer stärker kontrolliert und eine bessere Gewähr für ein seriöses Geschäftsgebaren bieten.[165]

5.5. Konsequenzen für die Abwicklung

Insofern sich im Rahmen eines Insolvenzverfahrens Anhaltspunkte für eine gewerbsmäßige Unternehmensbestattung erkennen lassen, so sollte diese einerseits insolvenzrechtlich als auch andererseits abgabenrechtlich verfolgt werden. Hierbei sollten die nachstehenden Schritte erwogen werden:

1. Zeitnahe Information an das Insolvenzgericht durch den Insolvenzverwalter über jegliche Sachverhaltsmomente, aus denen sich eine Unternehmensbestattung ergeben könnte, Insolvenzverwalter sollte am vermeintlichen Sitz der insolventen Gesellschaft Ortstermine abhalten und entsprechende Dokumentationen erstellen,

---

[165] Vgl. Kienzl (2008), S. 249.

2. Befragung von Nachbarn bei Nichtantreffen von Personen,

3. Überprüfen des Bestehens von Anteilsübertragungen in Insolvenznähe,

4. Überprüfung der genannten Sitzanschrift und deren zweifelhafte Zugehörigkeit, so zum Beispiel zu einem Büroservice oder zu einer Unternehmensberatung,

5. Konsequentes Einfordern von Auskünften von den aktuellen und auch von den früheren Geschäftsführern und Gesellschaftern, da sich für letztere eine gesetzliche Mitwirkungspflicht ergibt (bis zu zwei Jahre nach deren Ausscheiden),[166]

Um Schuldner im Rahmen einer Unternehmensbestattung umgehend dingfest zu machen, müssen die nachstehenden unverzichtbaren Handlungen vorgenommen werden:

Sofort: kurzfristige Information an das Insolvenzgericht und Anregung von Sicherungsmaßnahmen, Einschalten eines spezialisierten Rechtsanwaltes, Erstatten von Strafanzeige einschließlich konkreter

---

[166] Vgl. Schmittmann (2004), S. 291 f.

| | Sachverhalte zur Erleichterung der Ermittlungen, Aufnahme eigener Ermittlungen durch Anschriften- überprüfung, Nachbarnbefragung, örtliche Auskunfteien, Aufsuchen der alten und neuen Geschäftsführer sowie auf die Herausgabe von Unterlagen drängen |
| Kurzfristig: | Überprüfung der Einträge bei der Schufa und Creditreform, Aufnahme des Kontakts zu anderen bekannten Gläubigern, Identifizierung ehemaliger Bankverbindungen der Gesellschaft, Beantragung einer Postsperre.[167] |

---

[167] Vgl. Mai (2008), S. 455.

6.   Schlussbetrachtung

Illegale Unternehmensbestattungen werden nach wie vor in den Medien als Dienstleistung angeboten. In der Regel werden häufig Geschäftsanteile auf andere Personen übertragen, um die Durchsetzung eines aufgrund eines Eigenkapitalersatzrechtes bestehenden Erstattungsanspruchs zu verhindern. Ferner erfolgt der Wechsel des Geschäftsführers, wobei oft zu beobachten ist, dass der neue Geschäftsführer auch neuer Gesellschafter der Gesellschaft wird. Meist wird obendrein noch der Sitz der Gesellschaft verlegt, um eine Sachverhaltsaufklärung zu erschweren. Zwar sind Zahlungen, welche an einen Unternehmensbestatter geleistet werden, anfechtbar, wofür auch der Geschäftsführer insbesondere nach Eintreten der Insolvenzreife persönlich haftet. Selbst wenn die Zahlungen an einen sich im Ausland befindlichen Investor erfolgen, können diese zurückgefordert werden.[168]

Organisierte Unternehmensbestattungen führen regelmäßig zu einem nicht unerheblichen Aufwand bei den Insolvenzverwaltern und Insolvenzgerichten. Jedoch

---

[168] Vgl. Schmittmann / Gregor (2006), S. 415.

sollten die Organe der Justiz vor diesem Phänomen nicht kapitulieren und eine Abweisung mangels Masse generieren, sondern nach allen Kräften die verloren gegangenen Vermögenswerte ermitteln. Zwar sind solche Verfahren mit einem hohen Aufwand verbunden, aber dieser Aufwand darf nicht gescheut werden. Aus diesem Grunde sollte möglichst frühzeitig die Staatsanwaltschaft in die Ermittlungen einbezogen werden, um auf diese Art und Weise einen Abschreckungseffekt herbeizuführen.[169] Doch in der Praxis überwiegen heute immer noch die Verfahrenseinstellungen, wodurch ein Gerechtigkeitsgefälle zur so genannten konventionellen Kriminalität entsteht. Die Staatsanwaltschaften können in diesen Fällen helfen, den Beweisschwierigkeiten entgegenzuwirken.[170] Der Geraer Richter Franke prognostiziert jedoch weiterhin günstige Aussichten für Unternehmensbestatter, indem er expliziert: Für Unternehmensbestatter „ [...] ist die Finanzkrise doch ein Konjunkturprogramm, da hilft kein Gesetz."[171]

---

[169] Vgl. Schmittmann (2004), S. 292.
[170] Vgl. Ostendorf (2008), 2.
[171] Schrep (2008), Online im Internet:
http://www.spiegel.de/spiegel/0,1518,druck-598487,00.html (Stand: Januar 2010).

Literaturverzeichnis

Abgabenordnung (2009): Abgabenordnung, 33. Auflage, München, 2009.

AFP (2006). Anklage gegen „Firmenbestatter" in Thüringen, 2006.

Aktiengesetz (2009): Aktiengesetz, München, 2009.

Arlinghaus, F.-J. (2004): Bookkeeping, Double-entry Bookkeeping, In: Medieval Italy: An Encyclopedia, Vol. 1, Routledge, 2004, S. 147 – 150.

BGH-Urteil (2007): BGH-Urteil, Beschluss vom 16.07.2007, II ZR 3 / 04.

Bitter, G. (2009), Online im Internet: http://www.faz.net/s/Rub A5A53ED 802 AB47 C6AFC5F33A9E1AA71F/Doc~E428204A418D44A83AD3648 4954D53E89~ATpl~Ecommon~Scontent.html (Stand: Mai 2010).

Bundesministerium für Finanzen (2010):
Wirtschaftswachstum, Berlin, 2010.

Bürgerliches Gesetzbuch (2009): Bürgerliches
Gesetzbuch, 63. Auflage, München, 2009.

Eickhoff, K. (2002): Struktur und Systematik von
Staatsausgaben, München, 2002.

GmbH-Gesetz (2009): GmbH-Gesetz, München, 2009.

Handelsgesetzbuch (2009): Handelsgesetzbuch, 48.
Auflage, München, 2009.

Heinrich, M. (2007): Wettbewerb und Korruption,
München, 2007.

Insolvenzordnung (2009): Insolvenzordnung, 12. Auflage,
München, 2009.
Indervoort, P. (2007): GmbH Liquidation, 3. Auflage,
Berlin, 2007.

Internetpräsenz:
http://www.foerderland.de/154+M5fd010da318.0.html
(Stand: Januar 2009).

Internetpräsenz: http://www.gehalts-
check.de/lexikon/i/insolvenz.html (Stand: Januar 2009).

Internetpräsenz:
http://www.wirtschaftslexikon24.net/d/bankrott/bankrott.
htm (Stand: Februar 2009).

Internetpräsenz:
http://www.wirtschaftslexikon24.net/d/buchfuehrungspfli
cht/ buchfuehrungspflicht.htm (Stand: Februar 2009).

Internetpräsenz:
http://www.wirtschaftslexikon24.net/d/glaeubigerbegue
nstigung/
glaeubigerbeguenstigung.htm (Stand: Februar 2009).

Internetpräsenz:
http://www.insoinfo.de/pages/insolvenzrecht/view.htm?
abiszid=94 (Stand: Februar 2009).

Internetpräsenz:
http://www.insoinfo.de/pages/insolvenzrecht/view.htm?
abiszid=95 (Stand: Februar 2009).

Internetpräsenz:
http://www.wirtschaftslexikon24.net/d/schuldnerbeguens
tigung/ schuldnerbeguensti gung.htm (Stand: Februar
2009).

Internetpräsenz: http://ruessmann.jura.uni-
sb.de/bvr2005/Vorlesung/sittenwi.htm (Stand: Februar
2009).

Justizministerium des Landes Nordrhein-Westfalen (2005):
Was Sie über die Bekämpfung der Wirtschaftskriminalität
wissen sollten, Düsseldorf, 2005.

Keuchel, J. (2006): Geplündert – verschoben – begraben,
Online im Internet:
http://www.handelsblatt.com/unternehmen/strategie/
gepluendert-verschoben-begraben;1112190 (Stand:
Januar 2010).

Kienzl, F. (2008): Gläubigerschutz bei zuziehenden EU-
Auslandsgesellschaften – erörtert am Beispiel der
englischen private company Limited by shares,
Augsburg, 2008.

Klar, H. (2003): Firmenbestatter: Die Marbella-
Connecktion, Online im Internet:
http://frontal21.zdf.de/ZDFde/druckansicht/1/0,6911,2053
697,00. html (Stand: Dezember 2009).

Krautstrunk, T. (2005): Beweisvereitelung de amissione
instrumentorum bis zur Verletzung prozessualer
Mitwirkungspflichten, Hamburg, 2005.

Kreditschutzverband von 1870 (2010): Insolvenzursachen
2008: Externe Auslöser im Aufwind, Online im Internet:
http://www.ksv.at/KSV/1870/de/5presse/
3statistiken/1insolvenzen/2009-
04/InsUrsachen2008/index.html (Stand: Juni 2010).

Krüger, F. (2005): Einführung in das Insolvenzrecht. Eine
kompakte Darstellung für den schnellen Einstieg,
Altenberge, 2005.

Kühne, E. (2008): Ehrbarer Kaufmann oder
Wirtschaftsstraftäter?, Vortrag von Prof. Dr. Eberhard
Kühne an der HTWS Zittau-Görlitz, Hochschule der
Sächsischen Polizei (FH) Rothenburg, 2008.

Kuhr, D. (2005): Außer Pleite nichts gewesen, Online im Internet: http://www.sueddeutsche.de/wirtschaft/110/339955/text /print.html (Stand: Januar 2010).

Laser, J. (2000): Basiswissen Volkswirtschaftslehre, München, 2000.

Mai, V. (2008): „Firmenbestattung" nach Stichworten – Glossar tatsächlicher und rechtlicher Begriffe rund um ein sozialschädliches Marktverhalten, In: InsbürO, Ausgabe 12, 2008, S. 449 – 458.

Mitteldeutscher Rundfunk (2005): Wie ein internationales Kartell kleine Firmen vernichtet, Online im Internet: http://193.22.36.128/umschau/1657701.html (Stand: Januar 2010).

Möller, H. W. (1997): Angewandte Volkswirtschaftslehre, Wiesbaden, 1997.

OLG Karlsruhe (2005): OLG Karlsruhe, Beschluss vom 30.05.2005, 15 AR 8 / 05.

OLG Celle (2006a): OLG Celle, Beschluss vom 01.02.2006, 4 AR 2 / 06.

OLG Celle (2006b): OLG Celle, Beschluss vom 05.09.2006, 4 AR 60 / 06.

Obermüller, M. / Wunderer, R. (2009): Das Insolvenzverfahren, Köln, 2009.

Ostendorf, H. (2008): Beispiele schwerer Formen der Kriminalität, Bundeszentrale für politische Bildung, Bonn, 2008.

Petzold, J. (2003): Arbeitslosigkeit in Deutschland – Ursachen und Lösungsmöglichkeiten, München, 2003.

Rose, M. D. (2007): Die Bestatter, In: Die Zeit, Nr. 22, 2007.

Schmittmann, J. M. (2004): Firmenbestattungen und Insolvenz, In: InsbürO, Ausgabe 8, 2004, S. 287 – 292.

Schmittmann, J. M. / Gregor, A. (2006): Aktuelle Entwicklungen zu Firmenbestattungen. In: InsbürO. Ausgabe 11, 2006, S. 410 – 415.

Schrep, B. (2008): Der Staatsanwalt und die Phantome, Online im Internet:

http://www.spiegel.de/spiegel/0,1518,druck-598487,00.html (Stand: Januar 2010).

Statistisches Bundesamt (2010): Bruttoinlandsprodukt, Online im Internet: http://www.destatis.de/jetspeed/portal/cms/Sites/destatis/Internet/DE/Grafiken/VolkswirtschaftlicheGesamtrechnungen/Diagramme/Wachstum.psml (Stand: Juni 2010)

Strafgesetzbuch (2008): Strafgesetzbuch, 45. Auflage, München, 2008.

Zimmermann, W. (2008): Insolvenzrecht, 6. Auflage, Heidelberg, 2008.

Zyklop Inkasso (2004): Strafbar: Gewerbsmäßige Firmenbestattung, Online im Internet: http://www.zyklop.de/inkasse_pressemitteilungen/inkasso-presse-010204.html (Stand: Dezember 2009).